따박따박 걸었다

따박따박 걸었다

초판인쇄 2025년 5월 25일 **l저자** 이영주 **l펴낸이** 김영태 **l펴낸곳** 도서출판 한비CO **출판등록** 2007년 1월 16일 제 25100-2006-1호 **l전화** 053)252-0155 **l팩스** 053)252-0156 **주소** 700-442 대구시 중구 남산2동 938-8번지 미래빌딩 3층 301호 **l홈페이지** http://hanbimh.co.kr **이메일** kyt4038@hanmail.net

ISBN 9791164871629
ISBN 9788993214147(세트)

값 15,000원

따박따박 걸었다

이영주 시집

시/인/의/ 말

'따박따박' 걸어온 삶의 발자국들을 한 뜸 한 뜸 뜨개질하듯 정성껏 수놓은 시편들입니다.

시의 직조 안에는 기쁨의 환희와 눈물의 역설이 어우러진 저의 세계가 아로새겨져 있습니다. 아직은 설익은 열매일지라도, 지난 시간들은 제게 풍성한 성장의 결실을 안겨주었습니다. 이 시들은 바로 그 고통과 성장의 기록입니다.

이 시집은 전작 '뻬알밭' 상재 후 어지럼증으로 시를 놓았던 수년의 시간을 건너, 뜻밖의 재회를 통해 잊었던 '뻬알밭'의 기억들이 삶의 조각들을 되살려내고 다시 시를 쓸 용기를 주어 세상에 나오게 되었습니다.

힘겨웠던 날들의 토로이자, 삶이라는 밑거름 위에 피어난 작은 꽃과 같은 이 시들이, 우연한 만남처럼 당신의 삶에도 따뜻한 위로와 깊은 공감으로 다가가기를 소망합니다.

목차

1부 /
뒷굽 들고 따박따박

태어나면서 행복과 불행
평생 쓸 양을 똑같이 타고나도
쓰기에 따라 달라질 거다

하얀 가슴 반…14
덕과 복…15
폼 잡고 걷다가…16
화풀이…17
새터 할매…18
너 때문에…19
구석구석이 눈물이다…20
나들이…21
어름어름…22
고향만큼 그리운 곳…23
기다림 1…24
기다림 2…25
냄새…26
돌아보고 또 돌아본다…27
비둘기 1…28
비둘기 2…29
생각과 달리…30
손님…31
개미 구조작전…32
허망한 꿈…33
깨달았을까…34

2부 /
어떻게 살았느냐 물으신다면

결혼 전엔 바위고개 황성옛터 흥얼거렸고
결혼 초엔 여자의 일생 눈물로 부르다
중년이 되어서는 사랑만은 않겠어요

어둠에 맘 둘까…36
동네 방을 모르고…37
마스크1…38
마스크 2…39
마스크 3…40
잡초…41
밤새도록…42
과거사…43
카톡 치킨…44
엄마 생각…45
귀가 먹던 날…46
똥파리…47
청소하는 날…48
장날마다…49
다짐…50
노랫말 속에…51
추억이 사라졌다…52
치매인가…53
친구…54
피서…55

3부 /
소나무와 대나무같이 변함없는

쏟아지는
불볕 화살
서바람도 엎드리고

가는 해 오는 해…58
감사 또 감사…59
난방…60
부러움…61
잔소리 덕에…62
믿음…63
고마운 표시…64
가족…65
칠월 땡볕…66
군불…67
까치밥…68
냇가랑…69
너는 내 모습…70
알밤…71
쌍가락지…72
흉년…73
주름살…74
놋그릇…75
말과 다른 마음…76
흔적…77
씨나락…78

4부/
투명한 저 고운 이슬은

이 몸도 저 이슬처럼
반짝 살고 가기 전에
숨은 보시해 볼까나

일곱 살…80
안 봐도 다 안단다…81
씀바귀…82
자반고등어…83
옛날 명절에…84
상사화…85
한옥 살문…86
잠 못 든 밤…87
이슬…88
형체…89
전화…90
단풍…91
석류나무 꽃 곱게 피는 봄날에…92
가위바위보…93
고목…94
꿈…95
대추 향 그득 날려…97
펜촉에 마음 실어…98
밀수제비…99
복개천 새벽시장…100

5부/
아직도 기다리는 등 뒤에

우거진 숲과 새들
흐물흐물 헤엄을 치다
물 밑으로 사라진다

옛 화장터⋯102
약속⋯103
자화상⋯104
진즉에 알았다면⋯105
김장하는 날⋯106
나비의 꿈⋯108
하품⋯109
연지 찍고 분 발라도⋯110
보리 바리⋯111
장 담그기⋯113
너는 졸음⋯115
삶⋯116
산그림자⋯117
보릿고개⋯118
마지막 동반자⋯119
막내둥이⋯120
18번 곡⋯121
삐알밭⋯123
할미꽃⋯124
겨울 시위⋯125
귀빠진 날⋯126

6부/
목을 씻고 하늘을 마신다

만남부터 이별까지
퉁퉁 불어
꺼억꺼억 시가 되어 올라온다

까치…128
어머님…129
왼손과 오른손…130
햇살…131
수태골 벚꽃길…132
곱창과 막창…133
세월은 간다…134
고향의 봄…135
사라진 폴더 폰…136
시가 되어…137
긴 낮 짧은 밤…138
백 살을 앞두고…139
틀니…140
별난 엄마…141
고마워…142
가족 그림…143
노부부…144
절레절레…145
수험생…146
목화와 삼…147
이치…149

7부/
짭짝짭짝 구경만 하다

네가 왜 거기에 있어
반가워 다시 보니
내 삶의 흔적들이 나를 보고 웃고 있다

달집에 묻었다…152
소나기와 야시비처럼…153
후회…154
못 잊어…155
옛 고향…156
월간지…157
한세월…158
강가 사람들…159
계절…160
아버님의 실수…161
우리 엄마…162
적당히…163
산책…164
부엉이 울음…165
마음 비우고 떠날 수 있는 것은…166
마지막 가는 길…167
우연히 너를 만나…168
허무…169

*작품해설_김영태…170

1부
뒷굽 들고 따박따박

태어나면서 행복과 불행
평생 쓸 양을 똑같이 타고나도
쓰기에 따라 달라질 거다

하얀 가슴 반

부모님 방 아이 둘 우리 방에도 아이 둘
복닥복닥 와글와글 웃음소리 담 넘을 때

깊은 밤 쿨룩쿨룩
울려 퍼지는 아버님 기침 소리에
오금이 조여들고 가슴이 서늘하다

이마에 식은땀 방울방울 맺히고
창백한 야윈 몸에 붉은 객담 토하실 때
태산 진 듯 무거운 다리는 천근만근
걸어도 제자리걸음 축담 계단 못 오르시어
가슴 검진에 하얀 부분이 반이다

금줄 치던 전염병
양의 한의 민간요법 빠른 회복에
담당의 완쾌라며 건강관리 하라신다

덤으로 얻은 삶 노후가 즐거우시어
앉으나 서나 며느리 자랑에
어리버리 며느리는
아직도 가족을 위해 땀 흘린다

덕과 복

태어나면서 행복과 불행
평생 쓸 양을 똑같이 타고나도
쓰기에 따라 달라질 거다
복을 먼저 쓰면 말년이 고달프고
슬픔을 먼저 쓰면 노후가 행복하려니

한날한시에 태어나도
나면서부터 떠날 때까지
행복하기만 한 자가 있는가 하면
평생을 눈물과 한숨 가난에 찌들리다
마지막 떠날 때까지
허둥대는 자도 있다

정해진 운명을 바꿀 수 없다지만
어떻게 사느냐에 삶도 바뀌지 않을까
인덕 많다 부러워 말라
자기가 베푼 게 덕이 되어 돌아온 것
남 탓하지 말고 모자라듯 살다 보면
세상은 분홍빛 그 삶이 행복이다

폼 잡고 걷다가

뒷굽 들고 따박따박
폼 잡고 걷다가
인도 블록에 걸려 기우뚱 내동댕이쳐졌다

침과 뜸으로도 차도가 없어
정밀 검사를 하니
무릎 뒤 오금에 인대가 터졌다며
이런저런 주사를 맞으라고 한다

아들 도움으로 물어본 큰 병원 의사 말이
터진 인대 붙는 약 없고
주사도 약도 기다림만 못하다며
세월이 약이라고 걸음을 아끼라 한다

느긋한 마음으로 조심조심 시간을 보내니
몸이 다시 제자리로 돌아왔다
주사 맞고 약 먹었으면 약 효과로 돌렸을 것을

때로는 세월이 명약이 될 수도 있다

화풀이

윗전에 받은 꾸지람을
내 새끼라 내 맘대로 해도 된다고
말보다 회초리로 풀었다

한 명의 잘못을 공동 벌로 받아도
탓하지 않고 우애 있게 잘 자라서
오랜만에 만난 자리
옛 얘기에 날 새는 줄 모른다.

중년이 넘어 미안해하는 엄마 앞에
맞은 딸은 기억 없다는데
때린 기억 없는 아들이
억울하게 맞았다며 고개를 든다

당황하는 엄마 보며
맞은 우린 기억이 없는데
언제 널 때렸다고 맞았다 하냐는 딸
하하 호호 웃음으로 얼버무린다

딸 때린 기억만 소복한 엄마는
뒤통수를 맞은 듯 머릿속이 하얗다

새터 할매

집값이 뛰니 전세는 날개를 달았다
전세 구하기는 하늘의 별 따기
들썩이는 은행 금리에 가슴은 두근대고
두 해마다 이사 가야 하는
새터 할매 손자가
저도 몰래 몰아쉬는 한숨에
줄 것 없는 할매는
가슴이 털썩 내려앉는다

먹이고 입히고 공부시켜
짝지어주면 끝날 줄 알았는데
끝이 안 보인다

진 빚도 없는데 쫓기는 마음
불안에 잠 못 들어
비몽사몽 부동산에 집 띄워놓고
안 팔리면 어쩌나 팔리면 어디로 가나
뒤척이다 먼동이 튼다

너 때문에

대문니가 흔들흔들 치과 들렀더니
뿌리에 염증이 가득 차
더 이상 버틸 수 없다고
임플란트 권하길래
서둘러 뽑고 심어 한꺼번에 해놓고

덧씌울 때
대문니에 맞춰 건강한 아랫니를
갈고 또 갈아 짧아졌다
벗겨진 상아질에 병든 이
해가 갈수록 시리고 아픔은
수명이 끝났기 때문이다

뿌리가 흔들흔들
버티기 힘든 아랫니는
윗니를 보며
너 때문에 너 때문에 원망을 한다

구석구석이 눈물이다

반장이 두고 간 고무공에 담긴 약은
하수구를 나와 헛방 곳간을 거쳐
부엌에 있는 음식물 찾아
긴 꼬리를 끌고 설치는 쥐 잡으라고 준 쥐약
뒤 안 구석에 두었는데
재롱둥이 백구가 물었다 던졌다 굴리고 뛰어놀다
새는 약물에 혀가 말려 거품 물고 사지를 떤다

강아지를 틀어 안고 통곡하는 어린 며느리
시집온 지 몇 달 사이에
복실이와 누렁이 연거푸 떠나고
백구까지 숨 거두려 하니
원망이 두려워 벌벌 떨 때

긴 담뱃대로 탁탁 화로 두드리며
담장 밑에 골골 자부는 닭과
이승 떠난 개와
장마에 떠내려간 강둑 섶 모래밭과
천봉답 가뭄에 시드는 곡식까지
며느리 잘못 든 탓

안절부절못하는 며느리는
구석구석이 눈물이다

나들이

늘어진 봄날
짱이와 사랑이 가족
사료 과자 등에 메고
동물원에 소풍을 왔다

뼈가 앙상한
노루 사슴 고라니
건초 한줄기 없는 맨바닥을
킁킁이며 빈 입 다실 때

벌렁이는 콧바람은
흙먼지만 나르고
안쓰러워 등에 멘 과자 던져주니
사슴의 슬픈 눈에 흐르는 눈물

발길질 옆구리 차이는
똥개가 부럽다며
철문 열어 자유 달라
발을 동동 구른다

어름어름

귀가 들리지 않아
눈을 상대 입에 고정시키니
어슴푸레 들릴 듯 말 듯
입술 움직임 어림잡아 눈치껏 말하다
되물어도 못 알아들을 때엔 난감하다
들리지 않은 오른쪽 귀에 귓속말할 때면
몸을 비틀어 왼쪽 귀를 고정시키니
상대를 당황케 하는 불편함에
귀가 안 들린다고 미리 말해둔다

귀 기울여 애를 써도 쓸 말은 안 들리고
듣지 말아야 할 말은 잘 들린다
한쪽 귀가 깜깜하니 소리 방향 못 잡아
울리는 폰도 눈으로 찾고
뒤에서 오는 자동차 크락션 소리에도
갈팡질팡한다

눈이 보이지 않으면
귀를 세워 방향을 잡고 지팡이 두드리며
상대에게 내 위치를 알려야 스스로 비켜가듯
나는 오늘도 눈을 동그랗게 뜨고
상대방의 입 모양을 보며
들리지 않아 꼬이는 일상을
어름어름 비켜가고 있다

고향만큼 그리운 곳

삼척 봉황산 기슭 따라
아래로 주욱 내려가면
어부들 밤새 잡은 고깃배가
첫새벽 삼척항에 들어온다
펄떡이는 물고기 낚아챈 상인들
오십천 다리 건너 번개시장에 부려놓고
눈이 초롱초롱한 고등어와 도루묵 참가자미 물범
못난이 곰치까지 다 맛 좋다고 사가라 한다

성미 급한 오징어 바다로 간다며
수족관에서 뛰어내려 맨바닥에 파다파닥 시위를 하고
참치 대구도 함께 가자며 꼬리로 땅을 칠 때
눈이 파란 고등어는 놀란 눈 감지 못하고
청어는 얼마나 울었는지 눈에서 피가 난다

오십천 둑 장미공원과
번개시장은 잘 있는지
고향이 아닌데도 문득문득 그리울 땐
언제든지 가면 된다 여겼는데
눈시울이 젖는 건
딸이 떠난 그 먼 곳엔 갈 수 없기 때문이다

기다림 1

무슨 생각이 그리 많아
오늘 밤도 잠 못 들고

가로등 불빛 내려다보며
기와집 열두 채나 지었는데도
이제야 자정이 넘은 듯
왜 이리도 밤은 긴지

머언 하늘 은빛 물고기 팔딱이는
은하수 아래
조는 달도 나를 보고 이제 그만 자라네요

껌뻑이는 눈꺼풀 스르르 흘러내리니
사모관대 쓴 체 기별 없이 다가와
조곤조곤 살가운 말에 반가워 눈을 뜨면
흔적 없이 떠난 당신

이승과 저승은
문지방 하나 사이
떠났다 해도 떠나지 않고
가끔씩 들려 다독이니
오늘 밤도 기다리며 잠을 청해봅니다

기다림 2

며느리 바쁜 일정 도우러 간 엄마는
이참에 며느리한테 점수 따고
손자 손녀 정붙이며
근방에 사는 딸도 볼 겸
그저 즐겁기만 했는데

모두가 바쁜 일정 땜에
구름처럼 우르르 모여
하하 호호 밥 먹고
돌아서 바람처럼 날아가 깜깜

가까우니 매일 볼 거라 신난 엄마는
이제나저제나 기다림은 천리 밖이다

바다 건너도 안부 잦으면 지척이고
가까워도 소식 뜸하면 수만 리 밖

혼자서 속 끓이며 삐졌다 돌아왔다
그 맘 누가 알아
제풀에 꺾여 일없었다는 듯
웃으며 안부를 묻는다

냄새

추석 전전날 해 뜰 무렵
아침밥 지어놓고
늦잠 든 아들 내외 잠 깰까 봐
사뿐사뿐 뒤꿈치 들고
옷장 문을 열다가
두리번두리번 코를 벌름거린다

까마득한 옛날에
남편한테서 나던 냄새가
아들 옷에서 풍긴다

몇 년 만인가 뒤돌아보니
사십 년은 넘은 듯
희미한 기억 속에 그리움이 밀려와
눈물이 비 오듯 흘러내리고
나는 한참을 거기 서서
아들 옷에 코를 박고
킁킁대며 맡고 또 맡는다

돌아보고 또 돌아본다

입덧으로 감 잡은 임신
어림잡아 출산 달도 짐작하며
병원은 엄두도 못 내고
산파도 없이 산고를 치렀다
호롱 불빛 보이지 않아야 낳는다고
깔딱고개 몇 번을 넘겨 출산하고는
다시는 낳지 않으려 맹세를 해도
손 이을 아들을 꼭 낳아야만 했다

두 번째 임신은
첫 출산 힘든 기억에 잠이 오지 않는다
열 달을 두려움과 불안에 떨다
산기 통증 시작되니
이승 저승 넘나들던 공포와 두려움에
이승 끝날 준비를 해놓고
마지막 축담 위에 가지런히 놓은 코고무신
다시 신을 수 있을까
돌아보고 또 본다

비둘기 1

불 쿵 불 쿵 고르르 골골
임 부르는 비둘기야
자리 위에 널어놓은
누룩 버무린 찹쌀 고두밥
은근슬쩍 맛보지 마라
행여나 임 오실까
즐긴 곡주 빚으려고 더운밥 식힌단다

백일 숙성 묻어둔 항아리
뽀글뽀글 길 때면
그리움 가득 안고 덩실덩실 오시련가

가마솥 장작불에
모랑모랑 김 방울로 내린 소주
청주 동동주 함께
토기 두루미에 담아놓고
너랑 나랑 둘이서 마중 가보자

비둘기 2

아파트 베란다 밖
에어컨 바람통 위에
묵은 털 엉성한
노숙 비둘기 한 쌍은

몇 날을 굶었는지
널어둔 백태콩
마른입에 꺼억꺼억
허기를 채운다

안쓰러워 손 내밀어
물과 먹이 줄 때면
미안한 듯 엉거주춤
안절부절못하고
"고르르 골 골"
고맙다 눈 끔뻑인다

어둑어둑 해 떨어지면
거적때기 하나 없는
바람통 밑 맨바닥에
두 내외 마주 앉아
오늘도 당신 있음에
행복했다며 부리 맞대 볼 비빈다

생각과 달리

안 먹고 모은 돈과
살던 집 처분해 자식 주고
세사는 친구 보며
나만 아는 종잣돈은 있어야 한다고
또박또박 말한 나도 별수 없다

버젓한 직장과 거처할 집 있고
달라는 말 않는데도
힘들까 어려울까 마음 쓰이며
해 온 말과 달리 다 주고 싶은데

도와 달라 하는 자식 안 줄 수 있나
주고 나면 맘 편할 테니까

손님

예식장 가득 메운 손님은
부모님 손님

양복 입은 남자 하객이 가득하면
바깥 혼주 발씨 넓다며
혼주가 떠오르고

부모 별세 장례식장 줄 이은 조문객은
자식들 손님

들머리 줄 이은 생화 조화
리본에 새겨진 정치인과 지역 유지 이름 함께
얼굴까지 내밀면
자식 잘 뒀다고 고인을 들먹이며
상제가 떠오른다

개미 구조작전

며칠 전 부엌 뒤 베란다 바깥쪽에
날개 달린 개미 한 마리가
방충망 밖에서
기웃기웃 빠끔히 집안을 둘러본다

월세 전세 살 집을 찾아 나섰나
뭐가 더 궁금했던지
틈 사이 비집고 들어와
여기저기 헤집다
가는 길 잃어 우왕좌왕하였다

구조신호를 보냈는지
구출 온 가족들 방충망에 붙어 애태우다
창틀 빗물 구멍으로 겨우 들어와
돌아갈 출구를 못 찾아 헤매더니

앞장선 가족 따라
포복 작전 날개 접고 왔던 길 뒤돌아간다

허망한 꿈

봄을 알리는 뻐꾸기 울음도
한여름 달달 볶는 매미들의 합창도
강남 길 떠나는 제비들의 지지배배도 못 듣고
계절을 잊은 채
깊은 잠에 빠진 사람을

일어나요 일어나 그만 자고 일어나
동네가 들썩들썩
부부 동반 꽃놀이 간다는데
같이 가요 같이 가
헌떡헌떡 깨우는 소리에

혼자서는 못갑니다
나 혼자는 못 가요

숨이 가빠 눈을 뜨니 허망한 꿈…

깨달았을까

우산 든 손에
쓰레기봉투 겹쳐 쥐고
비에 젖어 불어 터진
휴지와 꽁초를 힘들게 줍는
파랑 조끼 시니어 할배 발등 앞에
불붙은 꽁초가 폭삭 연기를 뿜는다

옛날 노인 앞에 담뱃불은 불호령
시대가 바뀌어 훈계는 화를 부르기에
집게로 주워 담고
고개 들어
돈 벌게 해줘서 고맙소 하니
엉거주춤 쳐다본다

버린 만큼 낸 세금 줍는 이가 받습니다
티끌 모아 태산 보탬 되지요 하니
고개를 휙 돌린다
깨달았을까?

2부
어떻게 살았느냐 물으신다면

결혼 전엔 바위고개 황성옛터 흥얼거렸고
결혼 초엔 여자의 일생 눈물로 부르다
중년이 되어서는 사랑만은 않겠어요

어둠에 맘 둘까

잔병치레에 야윈 몸이
성장을 해도 골골
뒤져가며 검사를 해도 병명 없는 남편과
부모님 수발에 지친 아내는
헤어날 수 없는 암흑 속 긴 터널에서

어둠에 맘 둘까
쓸쓸한 달에 둘까 빛나는 별에 둘까
어찌하면 잊을까 어떡하면 헤어날까

달과 별이 내려다보며 멍때리고 살라 한다

포기하지 않고 살아온 삶
한가하고 여유로움에 거울을 보니
울 어머니가 나를 보고
고생했다 잘 살았다며 빙긋이 웃고 있다

동네 방을 모르고

호박꽃 찢어진 꽃잎 사이로
풍기는 향에 취해
들락날락
사리 분별 못하는 박벌 한 마리
아카시아 숲속에 자리한
참벌 집 여왕벌 짝사랑하다

아차 실수
와글와글 동네 봉 방에
사랑 고백 올려
왁자지껄 난리가 났다

눈도 못 맞춰보고
망신살만 뻗친 박벌
민망해 눈치 보며 허공만 맴돈다

마스크 1

밥도 함께 먹으면 안 된다고
부모 자식 부부 사이를
이간질한 코로나가
마스크로 입을 막고
코를 막고 말도 막았다

외롭고 답답한 늙은이
꼈다 벗었다 하다
깜빡 잊고 탄 엘리베이터에서는
죄인이라
손으로 코와 입을 막고 내려
계단으로 온 적도 있었기에

안 쓰면 안 되어 쓰다 보니
이제는 없으면 허전한
내 얼굴에 장신구가 되었다
바이러스도 막아주고 주름살도 가려주니
전염병이 사라져도 벗지 않고 쓸 거다 마스크

마스크 2

매년 이맘때
메주콩 끓일 때쯤
동네 내과 환자 대기실엔
감기 독감 환자들이 복닥복닥했었다

병원이 어수선하고 의료진이 바쁠 때
신종 코로나가 들어와 공포에 휩싸였다

방역과 예방접종
마스크 쓰기가 의무화되고부터
전염병들이 줄었다

마스크가 코로나 백신이라며
아기부터 늙은이까지 코와 입을 가려주니
감기 독감도 사라져 동네병원이 한산하다

바이러스 전파에는
마스크가 백신이라는 걸 코로나가 알려줬다

마스크 3

검정 마스크 한 여인
선하고 가냘픈 눈매에 끌려
눈을 떼지 못하고

마스크 속 코와 입은
어림잡아
내가 그려 넣었다

향긋한 커피 향에
마스크가 벗겨지니
내가 그린 그림과
너무 다르다

코와 입을 가려준
마스크가
인물을 만들었다

잡초

들국화 쑥부쟁이 민들레 제비꽃도
지들끼리 모이면 아름다운 들꽃이고
밀보리밭에 앉으면 잡초로 뽑힌다

밀밭에 보리 싹도 잡초요
보리밭에 밀 싹 또한 잡초니
흩어지면 잡초 아닌 곡식 없다

홍수가 쓸어간 논과 밭
가득한 피 포기 속에
모 포기도 잡초로 뽑히고
곡식으로 키운 피가
귀한 잡곡으로 대접받을 줄
보리 밀 볍씨는 생각도 못 했으리

세상에 약이 아닌 풀이 없듯이
귀하지 않은 이가 없고
재능 펼치면 인재 아닌 사람 없다

밤새도록

편두통에 시달려
팔십 년을 진통제로 버텼으니
효과가 떨어져 머리는 그냥 아프다
자정이 지나 또 약을 먹고 나니
잠은 사라지고
창틀에 고개 얹고 앉아
적막한 까만 밤을 넋 놓고 헤매는데
졸음에 취한 나를
웬 청년이 낚아채
하늘을 가로질러 구름 타고 날다가
절벽에 부딪혀 아찔해 눈을 뜨니
꿈
이 남자가 누구인고
이십 대에 저승 간 매정한 서방인가
칠십 년이 넘었으니 기억도 나지 않고
오늘 밤엔 오래 보리라
눈 감고 기다린다

과거사

이면지에 과거사를 쏟아붓다

서슬 퍼런 부모님 곁에
어리바리 내 모습은 지지리 궁상이다
모진 구박에도 가족을 위해
웃음으로 버텨내는 내 모습은 안쓰럽다
마음과 달리 칭찬이 인색한 지아비
어쩌다 살가운 말에 눈물이 난다

머리가 희끗한 내 아들딸 코흘리개 때
엄마 밤과자 굽는 오븐 둘레에
옹기종기 모여 앉아
구운 과자 먹는 행복한 모습이 떠오르고
도리상에 둘러앉아 우엉잎 호박잎쌈 싸
큰 입 벌려 웃으며 먹는 모습도 보인다

콩 한 쪽도 나눠 먹던 아이들이
아직도 동생 먼저 언니 먼저 누나 먼저
배려하는 남매들 보며
흐뭇한 엄마는
옛 생각을 끄적이다 그리움에 빠져든다

카톡 치킨

초복 중복이 몰고 온
더위 이기라며
용돈과 함께
피자 치킨 콜라가
카톡 카톡 숨넘어간다

아이들이 보낸 선물 앞에 놓고
친구 함께 마주 앉아
하하 호호
대접받은 묵은 빚을 이참에 갚는다

푸짐한 상머리에 엄마가 흐뭇하고
건강을 위하여! 라며 잔 부딪침에
아들딸이 머리 위로 둥둥 뜬다

엄마 생각

김 모락모락 나는 삼겹 수육에
된장으로 주물러 만든 머위나물과
돌미나리 무쳐놓으니
엄마가 좋아했던 그 밥상이다

오십 년대 보릿고개 허술한 밥상
이 없으니 잇몸으로
찬밥 물에 말아 움실움실 쌈 드실 때
흘겨보던 며느리가
시어머니 걸어간 길을 똑같이 걷고 있다
세월 이길 장사 있나

틀니와 임플란트 덕에 맘 놓고 먹는
푸짐한 밥상머리에 앉은 딸은
가여웠던 엄마 생각에
눈물은 내려오고 보쌈은 올라간다

귀가 먹던 날

삼십 초반 동짓날 해 질 무렵
어머님과 막내 시누네 나들이 떠나시고
머리가 터지는 통증과 함께
천정이 땅에 붙고 땅이 천정에서 빙글빙글
구토와 어지럼증에 두 귀가 난리가 났다

빈혈과 영양부족 때문이라는 응급실 의사 말에
병원 치료, 민간요법 다 해봐도 차도가 없어
뒤늦게 전문의 진료해 보니
과한 스트레스로 한쪽 귀 신경 줄이 말랐다며
장애로 살라 한다

어지럼증과 이명에 남은 귀마저 반만 들려
묻고 또 되물어도 못 알아들을 땐
껌벅껌벅 소 눈이다

한쪽 눈이 안 보이면
움푹 진푹 높고 낮음 분간 어렵듯
한쪽 귀가 안 들리니 방향을 가늠 못 해
소리 나는 폰도 눈으로 찾는다

숨기고 쩔쩔매며 부끄러워했던 장애를
알리고 당당하게 사는 것은
오해로 흘린 눈물이 있었기 때문이다

똥파리

등 푸른 똥파리 몇 마리가
베란다 화분 꽃잎에
죽은 듯이 앉아 있다

도시 적응이 안 되는지
필사적으로 방충망에 매달렸다가
시골 정랑을 그리워하며
우왕좌왕 날고 기더니
열어놓은 문도 못 찾고 온 집을 헤집는다

훑어내고 때려잡고 구석구석을 뒤지며 닦아도
파리의 출처는 일도 없다

시골 친척이 택배로 보낸 타박이 감자
부엌 베란다에 놔둔 지
오늘이 일주일째
삶으려 열어보니
박스 밑바닥 썩은 감자 주변에
파리 번데기 빈 껍질이 소복하다

영리한 똥파리
자식들은 성내에 가 살라고
감자에 실어 유학 보냈나 보다

청소하는 날

묵은 먼지 털고 닦는 날

쭈글쭈글
빨대 꽂힌 이슬
장식품 항아리에서
꺼내 달라
바시락바시락거리고
배 안이 가득 찬 이슬은
취기에 미동도 없이 자고 있다

둔 이가 있었으면 내동댕이쳤을 텐데
유품인 양 쥐고 운다

장날마다

시골 오일장 파장 후 늦은 시간
마중 나온 아들 내외 장터 들머리에서 기다리다
자정 알리는 고동 소리에 발 돌려 걷는 강둑길
쫘악 쨍그랑 쿠루룩 쿨쿨
동지 그믐 한파 얼은 강 숨 쉬는 소리에
오금 저린 어린 며느리
쭉쭉 새 슬픈 울음에
강 건너 친정 쪽 하늘 바라보다
보고픈 어매 생각에 눈물 흘린다

아기 젖 물리자마자
새벽 찬 서리에 흠뻑 젖어
도깨비에 홀린 듯 만신창이 몸으로
허둥지둥 들어오시는 아버님
똥개 순돌이는
동네 어귀에 마중 나와 반기는데
시집온 며느리는 쿨쿨 자고 있다며
다람쥐 쳇바퀴 돌 듯
취기를 꾸중으로 깨우시다
동녘에 해가 뜬다

억울해도 마중 갔노라 말도 못 하고
그저 예예 머리만 조아렸다

다짐

하나님을 모르는 내게
교회 가자고 매달리는
손주 손 뿌리치지 못해 고민을 하다
교회 다닌 넌 하나님을 알고 있고
난 하나님을 모르고
배움은 시기가 있다는 걸 살아본 난 알고
안 살아본 넌 모르니
난 교회 가고 넌 공부를 하면 어떨까
어렵게 입을 떼니 그리 하자 약속을 했다

그 약속 지키려는 손주는
독서실과 학원가며 노력하는데
난 머뭇머뭇 엉덩이는 저만치
손주한테 체면이 안 서
갈까 말까 한참을 망설였다

교회 가는 첫날
손주한테 인증 사진도 찍어 보냈는데
몹쓸 놈의 코로나가
몇 번 가보지도 못한 교회 길을 막았다
울고 싶을 때 맞은 매 억울하지 않듯
이참에 생각 없이 노는 할매는
손주 보기가 미안해
어제도 오늘도 매일같이 교회 가려 다짐만 한다

노랫말 속에

친구의 삶이 궁금하거든
어떻게 살고 있나 묻지를 말고
선술집에 마주 앉아
코가 삐뚤어지게 탁배기를 마셔보라

삶이 신이 나면
노랫말이 흥겨워 춤을 출 것이고
힘들고 괴로우면
취기를 빌어 신세타령하겠지

내게 어떻게 살았느냐 물으신다면
결혼 전엔 바위고개 황성옛터 흥얼거렸고
결혼 초엔 여자의 일생 눈물로 부르다
중년이 되어서는 사랑만은 않겠어요
부르고 또 불렀다고

시집 장가보내는 사이사이에
말없이 떠난 가족
그들이 즐겨 부른 흥겨운 노래를
눈시울을 적시며 끝도 없이 부를 동안
청춘은 가버렸다고

추억이 사라졌다

삼복 무더위 끈적한 밤
앞 도랑 자갈 위에 옷 벗어놓고
하하 호호 땀 씻는 아낙들
선녀가 하강한 듯
박꽃 같은 속살에
달님도 눈부셔 눈을 감는다

도랑둑에 엎드려 숨죽인 오빠 동생들
감시하던 엄마들 호통 소리에
줄행랑치던 모습
아직도 생생하구나

논두렁에 뜸부기 산엔 뻐꾸기
뜸북뜸북 뻐꾹뻐꾹 짝을 부르고
아름답고 한가로웠던 어릴 적 내 고향
우거진 숲과 맑은 물 모두 다 어디 갔나

골짝골짝 우사 냄새에 코를 막고
구석구석 고인 물엔 모기떼만 바글바글
쇠파리 똥파리가 집을 가득 메우니
동리 이름만 그대로요 옛 추억은 사라졌다

치매인가

따르릉따르릉 바쁜 벨 소리는
동갑내기 본동 댁이 부르는 소리
다 산 사람처럼 한숨 푸욱 내쉬며
머리부터 발끝까지 검진 받아야겠다고
넋두리를 한다

매일 먹는 한 달 치 약 끝나는 날
얼추 반이 남아있어 종일 끙끙대다
벌벌 떨며 원장님께
나는 약 한 번도 안 빼 먹고
꼬박꼬박 챙겨 먹었는데 반이 남았심더
귀신이 곡할 일 아입니꺼 하니
조곤조곤 일상을 묻는다

딸 결혼식 날 미용실 가서 파마 말다 생각나
손질하고 예식장 간 적 있고요
곗날도 잊고 이튿날 간 적 있습니더 하니
후에라도 생각났으면 치매는 아니니 걱정 말라며
정밀검사 해보자 한다고 우울해한다

친구

산책길 지나치면
고개 꾸벅 인사를 하고

멀리서도 먼저 보면
손 흔들어 주는 사람

아우라는 것 외엔
아는 게 없지만

안 보이면 궁금하고
묻지 않아도
못 온 이유를 이야기한다

이름도 성도 사는 곳도 모르지만
안부를 묻고 전하니 친구임이 틀림없다

피서

눈코 뜰 사이 없는 자식들과 달리
소파에 등 기대고
피서 소식 기다리는 한가한 늙은이를

졸음이 데려다
정선 계곡에서 다슬기 줍고
삼척 해변 돌게 잡다가
동해 해수욕장에서 개헤엄 칠 때
밀려오는 파도에 화들짝 눈뜨니
깜박 졸던 꿈

휴가철 막바지에도 깜깜
아무 소식 없으니
혼잣말 중얼중얼

요즘 수험생은 하늘 같은 임금님
대입 준비에 가족들 숨죽이고
동동대는 어미 맘 안달복달
내 새끼 입시 때만 왜 이리 어려울까
삶엔 대학이 전부가 아닌데

3부
소나무와 대나무같이 변함없는

쏟아지는
불볕 화살
서바람도 엎드리고

가는 해 오는 해

백령도 앞바다
천안함 두 동강 젊은 꽃 삼킬 때
하늘 울음 천둥번개에 거센 파도는 통곡을 한다
꽃게잡이 명태잡이 평화로운 마을에
나는 포탄 치솟는 불로 아수라장이 되었다
방향 잃은 어민들 반공호 대피소에서 공포에 떨고
피난 준비 긴급 대피령에 전쟁을 실감한다

동지섣달 구제역과 조류 독감에
빈 우리 쓸쓸함은 한숨뿐이고
배꼽 달린 송아지 안고 우는 노부부
산 무덤 생매장에 눈이 짓무르는데
밤낮없이 손발 움직여 방역을 해도
번져가는 전염병에 지쳐만 간다

경인년 백호랑이 나쁜 액 쓸어 보내고
새해 신묘년 토끼에게 태평성대 기대해 본다

감사 또 감사

누가 봐도 그냥 그런데
뭐가 그리 즐거운지
히죽히죽 웃고 사는 늙은이
힘든 추억 돌아보며 오늘을 감사하고

당뇨 혈압 관절 땜에
약으로 배 불리는 친구
물리치료와 찜질방에 살아도
삭신이 쑤셔 뒤뚱뒤뚱 오리걸음
약 안 먹고 성한 내 몸에 감사하다

독에 가득 쌀이 있고
지갑 속에 잔돈푼 있어
꾸러 가 고개 숙일 일 없으니 감사하고

울 엄마 뭐 먹고 싶나
뭐 해줄까 뭐 보낼까
돌아가며 연락이 오니
얼마나 고마운지 감사 또 감사하다

난방

몸이 따시면 맘이 추워
실내에선 옷 하나 더 껴입고
이불 하나 더 덮으니
따뜻하고 맘 편하다

가족이 모일 때면
수일 전부터
아껴뒀던 난방을 쉬지 않고 하니
온 집이 따뜻하고
따신 물도 펑펑 쏟아진다

난방비 아끼지 말고
엄마 집 뜨끈뜨끈
따신 물도 팍팍 쓰라는 아이들 말에
그리 살고 있다 하면서도
절약이 몸에 배
아이들 떠난 뒤 난방은 깜깜해진다

부러움

출가 전 다 큰 여식 바깥출입은 바람난다고
안 좋은 소문나면 시집 못 간다며
단속하는 가족들 때문에
가설극장 한번 못 간 난
홀 엄마에 오빠 없는 자야가 부러웠다

시집살이 지칠 때
교사 남편에 대우받는 시누와
사장 남편 둔 또 다른 시누가 부러웠다
물려받은 유산에 은행점장까지 하는
남편 고향 친구 부인 건이 댁이
어찌 그리 부러웠는지

계속되는 행복은 없나보다
부러워했던 사람들도 영원하지 않았고
준비 없이 가장 보낸 점장 부인 우울함은
혼자 갈 초행길이 두려웠기 때문이다

다 떠나고 기댈 데 없는 난
불가능이 없다
고통에서 얻은 것은
사막에서도 살아남을 용기와 지혜
나에겐 무엇과도 바꿀 수 없는
소중한 재산이다

잔소리 덕에

매일 눈뜨면
생수 한잔 사과 반쪽 올리브유 한술
일광욕과 모래 밟기 하라는 사위 말에
말은 한다 해놓고
귀찮아서 꾸물대다 잊어먹고 건너뛰고

생각나면 대충대충 하는 데도 도움이 되니
처음 맨발 모래 밟기는
아야 아야 자국마다 비명 나도
비 오는 날 밟는 모래는
사박사박 스트레스가 풀어진다

매일 하는 만 보 걷기와 근육운동
마음도 밝아지고 허리 통증이 사라졌다
상쾌한 마음으로 새날을 맞이하는 건
사위 잔소리 덕이다

믿음

교회에 엎드려 믿음 달라 빌어도
기별이 없어
어릴 적 믿음 따라 옛 예배당을 찾으니
보릿고개 추억이 고개를 듭니다

육이오가 할퀴고 간 시골 예배당에
구호물자 가득 실은 노랑머리 이방인을
하나님이 보냈지요
마당에 쌓아놓고 골짝 골짝 소식 전하니
미투리 닳을까 손에 들고 맨발로 걸어온 아이들
헤진 보자기에 구호식품 담아 들고
좋아라 깨금발 뛰며 가던 유년이 보이고
크리스마스이브 집마다 삽짝 밖에서
고요한 밤 거룩한 밤 기쁘다 구주 오셨네 찬송에
준비한 먹거리 자루에 담아주며
신도들 나눠 먹던 모습도 보입니다

예배당도 낯설고
소녀 때 믿음 찾을 수 없어 발 돌리니
시계추 같은 믿음으로
하나님 제자 되기는 어렵겠지요

고마운 표시

이 자식 저 자식 생각에 잠 못 든 엄마는
지난날의 고마움을 감은 눈에 펼친다
못 해주는 자식 없고
엄마라면 늘 진심인 아이들이지만
가까이 살던 막내딸이 더 힘들었던 게 보인다

가장 보낸 두 해 후 어머님마저 눈감으시니
감당 못 할 무섬증에 형까지 끼고서 치댈 때
화장실이 무서워 문 못 닫아도
싫은 내색 한번 없이 엄마 보살피던 내 딸
딸이 된 엄마를 엄마처럼 다독인다

고맙고 미안해서
개똥 논이라도 있으면 너 줬을 텐데
입버릇처럼 말하다
몇 해 후 직장 따라 머얼리 보내놓고
젖 떨어진 아이 되어 한없이 울면서
해온 말이 맘에 걸려
뭘 줄까 찾아봐도 꺼리는 없고
너는 특별하다 말만 하니 말빚만 수북하다

어떻게 갚을까 생각해 봐도
이 손가락 저 손가락 다 안쓰러워
안달복달 잠 못 이루며 까만 밤을 헤맨다

가족

혼사 때 양가 처음 만나
꼼꼼히 살피는 건
곡식은 남의 것이 좋고 자식은 내 자식이 최고라
손해 보지 않으려고 따지고
상처를 주고받으며 줄다리기를 하다
가족이 되고 나서야 깨닫고 후회를 한다

소나무와 대나무같이 변함없는 보물들
맏사위는 회갑을 지났고
둘째 셋째도 가까워지는데
아직도 내 눈엔 꽃이고 나비다

말로만 귀한 아들이지 삶에 도움 못 되는 엄마는
애쓰는 며느리 보며 미안해할 때
말끝마다 내 사랑 잘난 남편 잘난 남편 하니
얼마나 이쁘고 감사한지

딸은 몹쓸 거라 여기는 시대에 태어나
많이도 서러웠음에도 내색하지 않고
키우느라 고생했다며 안쓰러워하니
세상에 이런 말 또 있을끼
가족들 살가운 말에 노후가 즐겁다

칠월 땡볕

쏟아지는
불볕 화살
서바람도 엎드리고
하늘 치솟는
우거진 녹음
사지 풀어 주저앉을 때

왕매미
등 갈라진 허물
솔갱이에* 걸어놓고
숲 찾아 벗 찾아
노랑 오줌 찔끔인다

삼복 지난
세 살 먹은 나락
남은 햇살 살찌워
볼록볼록 배불러 오고

밭두렁에 누운
애호박
고추잠자리
날갯짓에
보름달로 익어간다

---

* 소나무 가지를 자른 곳에 남은 부분, 방언

군불

둥구리*
쪼갠 장작
뒤안에 가득 쌓고

적송의
머리카락
갈쿠리 긁어모아

불살개
필요한 깔비
장작 옆에 쉬어라

부모님 방
추우실까
자다 말고 군불 땔 때

솔깔비
한 움큼에
성냥개비 불붙여

고래** 안
불타는 장작
등 따시다 하시네

---

* 그루터기의 방언
** 구들장 밑으로 낸 고랑을 일컫는 말

까치밥

담장 너머
휘인 가지
망개 같이 열린 땡감
개구쟁이 떼 지어
옷섶 가득 몰래 따
철부지 깨문 풋감
떫은 입 못 다문다

푸른 감 익을 무렵
소금 넣어 삭힌 감
조상님께 대접하고
높은 가지 남은 연시
까치 좋아 춤을 춘다

사랑채
꼬불 할배
하늘 보고 침 삼키시니
기인 장대로
저 고운 가을 꺾어
할배 방에 걸어둘까

냇가랑

앞 냇가 맑은 물은 버들치 떼 일렁이고
철부지 벌거숭이 피라미 몰고 놀 때

수양버들 그늘 아래 빨래하던 젊은 아낙
지금은 백발 되어 지나쳐도 못 알아보니
모두가 낯설어 고향도 타향

어릴 적 떠난 고향 그리워 들렀더니
경지정리 개울 막아 흔적만 남은 옛터
푸른 물에 놀던 고기 꿈에 볼 수 있을까

돌부리 틀어 안고 홀로 선 고목 버들
오늘도 고개 숙여 누구를 기다리나
아이들 떠난 옛 고향 찾을세라 서 있네

너는 내 모습

백발이 무료해
능선 오르니
나 닮은
참나무에 눈이 멈춘다

씨앗 때문에 맞은 몰매에
파인 상처 덧난 자리
진물 내리며
헐어버린 몸 부스럼 속에
장수풍뎅이 하늘소
집을 짓고 살고 있다

참고 견딘 참나무는
아낌없이 속살까지 다 내어준다

곤충 떠난 상처에
바람이 들어
시들어 마른 몸 산을 내려와
아궁이 옆에 앉아 몸 녹이며
땔감으로 차례를 기다린다

알밤

밤송이
알밤 물고
벙긋이 위세 떨다
가시 입
못 다물어
밤톨은 떨어지고

다람쥐
들랑날랑
곳간 가득 채우네

아이들
주운 밤
차례상 올리려고
모래 속에 묻었더니

철부지 침 삼키며
맛보다
사라진 알밤
껍데기만 뒹구네

쌍가락지

혼례 때 백년가약
순금 서 돈 쌍가락지
손에 끼면 닳을세라
누가 보면 손탈까 봐
장롱 깊숙이 숨겨 놓고
친정 갈 때 끼고 가던
애지중지 아끼던 반지

취직 공부하던 신랑
한 가락 **빼어주고**
모셔둔 남은 한 짝
면접 볼 때 마저 준다

시험 합격 나라 머슴
다달이 받은 품삯
피붙이 밑천 되어
내 인생의 가을
풍성한 수확이다

돈 벌면 사준다더니
떠난 지 몇 해던가
아직도 민 손가락
돌아올 줄 모른다

흉년

하류 강섶 한 자락
아담한 한옥마을
웃비 내리며 넘실넘실 황토물은
문지방을 넘을 듯 천지가 개벽이다

할퀴고 쓸어간 옥토
황무지로 변하고
자갈 펄만 가득한 허허벌판엔
수수 조비 피 씨 뿌려 곳간은 푸석하다

혼례토록 들녘 처녀
멥쌀 서 말 못 먹는 곳
웁쌀 없는 꽁보리밥
시래기나물 배 채워도
딸아이 고운 얼굴은
어여쁜 복사꽃 같다

조비 쌀로 빚은 농주 맛보시다 취한 아배
문중 법도 양반 자랑 귀에 든 콩 익히시다
드르릉 쿨쿨
취기 함께 잠드신다

주름살

비좁은 분식집
새알 수제비 시켜놓고
합석한 손님은
부러운 듯 바라본다
곱게도 늙었다며
우리 또래 됐냐고 감탄하며 묻는다

어안이 벙벙해
나이를 되물으니
칠십 대 중반
아무리 주름이 번데기 같아도
오십 초반은 새댁인데
또래로 보다니
가슴에 치미는 화 누르며
예예 하니
친구로 지내자 한다

살아야 하나 말아야 하나 억울해하다
남편에게 화풀이하며 거울보고 투덜대니
눈멀었나 따끔한 말 하겠다며
데리고 오라 한다

놋그릇

팔월 단대목 열사흗날 밤
부엌 천장 다락방에
거미줄에 묶인 녹슨 놋그릇
갈바람에 먼지를 날린다

휘영청 밝은 달 계수나무에 걸어놓고
청기와 재개미* 빻아
짚수세미 버무려
시린 등짝 조이며
다시 태어날 때까지
묵은 세월을 닦는다

서산마루 걸터앉은
흐드러진 달빛 안고
반짝이는 행주질에
그릇마다
달이 뜬다

---

* 기왓장 가루의 경상도 사투리

말과 다른 마음

받으면 미안하면서
안주면 서운한 건
모든 이 마음이고

줘도 줘도 주고프고
주고 나면 흐뭇한 게
부모의 마음이다

무소식이 희소식
너희 잘 있으면 난 됐다고
말은 그리하면서도
안부 통화 늦으면
궁금증 안절부절못한다

먼저 하면 덧나나
기다리다 서운해
드라마를 엮다가도
따르릉 벨 소리
끔뻑하며 자지러지고
어깨가 들썩이는 만병통치약이다

흔적

가족사진 그림 속
사 남매 밤낮 웃어도
소리 들리지 않고

뱁새 둥지
떨어진 새끼
목 놓아 울어도
눈물 보이지 않는다

오죽* 그림자
마당 쓸어도
먼지 일지 않으며

햇살 줄기
우물 멱 감는다고
물 흐려지랴

---

* 검은 대나무

씨나락

굽 논 못자리 볍씨 뿌려
새끼줄 깡통 달아
덜그렁 덜그렁 줄 당기며
새 쫓는 아이 노래

새야 새야 참새 떼야
모판 위에 앉지 마라
너희 놀다 떠난 자리
반질반질 스님 이마

나락 농사 허탕 치면
흉년 진 빈 곳간
세 살배기 젖 떨어진 동생
무얼로 암죽 끓이나

도랑 건너 황 부자네
늘려 있는 나락 덕석에
떼 지어 가려무나

모야 모야 노랑 모야
언제 커서 열매 맺어
황금들 영글은 나락
곳간 가득 채울까

4부
투명한 저 고운 이슬은

이 몸도 저 이슬처럼
반짝 살고 가기 전에
숨은 보시해 볼까나

일곱 살

어리광
눈물 속에
아버지 밥상이 그려지고
그림 속에
하얀 쌀밥과
간 갈치 한 토막이 보인다

밥상머리
꾀배를 앓는 딸 보시고
아버지
미소 지으시며 수저 멈춰
솔방울만 한 밥과
갈치 반 토막
남기시어
등 쓸어 먹이셨다

늙은 딸은
아버지가 그리워서
오늘도 간 갈치 구워놓고
어릴 적 그 밥상을 그린다

안 봐도 다 안단다

얘들아
눈빛만 봐도
너희 맘 다 안단다

얼마나
엄마를 사랑하는지
다 보인단다

노후에
너희 있음에
행복 가득하구나

세월에
지친 몸이
짐 될 수 있을 때

옛 생각
돌아보며
마음을 비워보라

울 엄마
날 기르실 제
어찌 길러왔는지

씀바귀

음력 2월 바람 달은
마른 가지 물오르고
춘삼월 이른 봄

임하댐 하류 강섶
모래밭 두렁에
마른 잎 사이사이
파릇파릇 움튼 싹
씀바귀가 널려있고
노리고 하얀 뿌리혹이
조롱조롱 달려있다

잘려진 뿌리마다
봄이 철철 흐르고
봄 캐는 재미에
시간 가는 줄 모른다

배꼽시계
꼬르륵 울어 젖혀도
봄 향에 젖어
콧노래 흥얼흥얼
바구니 가득한
봄
삼 이웃이 향기롭다

자반고등어

저승길도
짝지어
나란히 누운
고등어 부부
감지 못한 두 눈 위에
얼음 이불 덮어둔다

넓고
푸른 바다
파란 등 햇살 씻으며
군무 추던 지난날
전설이 되고

왕소금
수의 입고
쌍쌍이 짝지어
나무 관에 누운 자반
어시장 경매 거쳐
한 손 두 손
장바구니 타고 간다

옛날 명절에

음력 설 대목 장날에
철부지 받은 선물
장롱 위 올려놓고
자다 말고 내려 보며

아이들은
손꼽아
날 새기만 기다린다

설 팔월*
힘든 아낙
누가 명절 만들었나

고달파 쉬던 한숨
어려서 몰랐는데
나도야 어미가 되니
힘들었던 엄마 마음
지금에야 알 것 같네

---

* 추석

상사화

성철 승
살던 옛터
후미진 뒤뜰에
몽우리
잎을 찾아
흙 속을 더듬다가

그 여름
봄인가 하고
홀로 핀 상사화

보고파
눈 돌려 봐도
잎은 지고 없어라

한옥 살문

동지섣달
설한 북풍
어설픈 한옥 살문
바늘구멍에
황소바람은
살을 에는 추위여라

문풍지
떠는 울음은
딱따구리 집을 짓듯
딱 딱 딱
따르르르
한기를 부추기고

솜이불
깔고 덮어도
콧등은 시려워
닥종이
자투리 오려
황소바람 막아볼까

잠 못 든 밤

하늘 울음 천둥번개
꿔다 놓은 칠월 장마
삐알밭 한 자락
잠든 임 뉘어놓고

능선 자락
추적추적 내리는 발길
호롱불만큼 받은 사랑
햇살만큼 클 줄이야
돌아본 자취
후회만 남습니다

산에 누워
외롭다
억울해 마오
벌떼 같은 무리 속도
외롭긴 마찬가지
어둔 밤
홀로 누운
이 방도 무덤이요
입 닫고 문 닫으면
이승도 저승이네

이슬

투명한 저 고운 이슬은
하늘에서 내린 선물
거미줄에 은방울 짤랑대듯
하늘하늘 간들간들 곡예를 한다

토란잎에 옥구슬 은반 위 요정 같아
방울방울 쪼르르 요리조리 춤을 추다
반짝반짝 비친 햇살에
흔적 없이 사라진다

내 것이 아닌 것을 내 것인 양 움켜쥐고
천년만년 살까 하고 아옹다옹 살아온 삶
떠날 땐 다 버리고 빈손으로 가는 것을

이 몸도 저 이슬처럼 반짝 살고 가기 전에
움켜쥔 손 활짝 펴서 숨은 보시해 볼까나

형체

선잠 속에
희미한 그대 목소리
잠든 듯 뜬 눈에
흔적 없어라

얼고 녹는 한파 지나
청명 한식날
보고픈 마음 안고
오르는 발길
먼 산 뻐꾸기
울고 넘는 고갯길
널브러진 참꽃 아름다워라

봉근 둘레 잔디 사이
민들레 홀씨 되어
희미한 형체도
가고 없는 그대여

떠돌다 떠돌다
어느 변방 모래펄에
잠든다 해도
한 줄기 빛 되어 찾아가리다

전화

당신 떠난 지
몇 년 후
어느 날 해 질 녘
전화가 왔습니다

낯선 음성
친구라며
바꿔 달라하네요
더듬더듬
울먹이니
왜냐며 다그치길래
머얼리
떠났다 했습니다

영영 돌아오지
못한다곤 하지 않았습니다
그 말은
너무 슬프기에
그냥 기다리는 마음으로

단풍

익은 가을
불영계곡
불붙은 잡목
누가 불 질렀나

능선에서 골을 타고
연기도
화기도 없이
활활 타며 내려온다
걷잡을 수 없는 불길
끄는 사람 하나 없고
구경꾼만 모였다

야호
메아리 소리
코끝을 스치는
갈바람 내음
알록달록 붉은 단풍
놓칠세라 깜빡깜빡
눈에 담아두려 한다

석류나무 꽃 곱게 피는 봄날에

셋방살이 전전긍긍
한 푼 없이 남의 돈으로
이름 석 자 문패 걸고
가슴 벅찼었는데

새천년 상달에 가슴 졸이는 아내
안심시켜 잠재워 놓고
떠났습니다
혼 나간 사람에게
넋 나간 백세 어매뿐
의지하며 꼭 쥔 손
두 해 후
어머님이 놓으시고 떠났습니다

이승 저승 다 보내고
홀로 남아 살아온 삶 뒤돌아보니
미안함과 그리움만 가득해
허탈한 마음 안고
당신 잠든 무덤가
석류나무 꽃 곱게 피는 봄날에
술과 수육 곁들여 뵈러 갈까 합니다

가위바위보

여남은 살
어린 시절에
동무들
소꿉장난
편 가를 때

손가락
쥐고 펴고
손목 안
침 문질러
주름살 손금 보고

입 모아
가위바위보
누가 지고 이겨서
좋은 친구 편 될까

고목

마을 어귀 성황당
귀목 한 그루
오색 천 금줄 두르고
마을 사람들 수호신으로
대접받으며

당산이란 이름 달고
몇 백 년을 살았는지
몇 천 년을 살았는지
살과 내장 녹아내려
속이 텅텅 빈 고목

진물 내린 살갗에
덕지덕지 앉은 딱지는
갑옷을 입은 듯
부스럼 사이사이
새순 줄기 뻗은 가지는
아흔에 늦둥이로다

꿈

매년 이맘때면
안절부절 잠 못 이루고
떠난 잠 형체 잡고 씨름을 하다
감은 눈 이불 속에서 성묘를 간다

헛간 구석
거미줄에 목맨 호미 먼지 털어
동동주에 안주 곁들여 능선 오르니
봉분 둘레 황금 측백
칡넝쿨이 몸을 감아
누렇누렁 떡잎이 되었다
자르고 걷어내며 땀 흘려도
쉬엄쉬엄하란 말 한마디 없는 당신
술 한 잔 올려 그리워해도
생전에 그랬듯이 말이 없구려

녹슨 호미 땀 흘리다 목 돌아가고
여자의 일생으로 시작한 타령
사랑만은 않겠어요 한을 토하며
당신이 즐겨 부른 찔레꽃
흥얼흥얼 슬피 부르다가
비탈길 휘적휘적 내리는 발길
탈강치에* 발이 묶여 버둥버둥 허우적댄다

깨어보니 끝닿은 곳 이불 속
먼동이 튼다

---

* 가느다랗고 질긴 줄기와 망개 같은 까만 열매와 망개잎과
  비슷한 잎사귀를 가지고 있음

대추 향 그득 날려

몇 날 며칠
날 밤을 새니
사물이 아둔하여
오늘 밤엔 함께 할까
새는 날부터 준비를 한다

식사 후
한 잔의 커피
그마저 뒤로하고
엽차 한 모금으로 목을 축여도
잠은 안 온다

대추 향
그득 날려
놓친 잠과 밀린 잠을
동시에 청해 놓고
애타게 기다려도
흔적 없이 사라진 잠
잠시나마 눈꺼풀에 쉬었다 갔으면

펜촉에 마음 실어

며느리와
아내
엄마로서 고뇌에 지친 몸
기쁨과 슬픔을
연이어 치르다 보니
넋 나간 사람으로 살았었는데

모두 떠나고 혼자 남아 거칠 게 없으니
맛보지 못했던 한가로움에
밀려든 우울 안고
세월을 거스른다

가슴에 가득한 사연
뉘에게 털어 놓을까 뒤지고 살펴봐도
눈물 쏟으며 말할 곳 없어

펜촉에 마음 실어
낙서가 넋두리로
넋두리가 시가 되어 펼쳐진다
두려움과 부끄러움에 고개 숙여지지만
묵은 마음 털어내니 우울이 사라진다

밀수제비

불그둑둑
우리 밀가루
멸치 다시마 목욕한
온천에

말랑말랑 치댄 반죽
손끝에서 춤을 추다
미끄러지듯 뛰어내려
감자 함께 수영한다

청양고추
다진 마늘
부추 함께 어울리니

먹음직한
밀수제비는
여름 장마 궂은 날
별미 중의 별미다

복개천 새벽시장

달성공원
새벽 장 난전에
운동 끝난 사람들
널려있는 신토불이에
쌈짓돈 바닥이 난다

노점상
젊은 아줌마
사생결단 자리다툼은
아귀 싸움이고
몰려든 구경꾼 눈살만 찌푸린다

노릇노릇
국화빵 맛에
소녀로 돌아가고
소머리 국밥 약주 잔 곁들여
주고받는 구수한 정담은
시골 오일장 같다

중천에 해 뜨면 장터는 사라져
차가 쉬는 주차장
사고팔고 남은 떨이
덤으로 받은 푸짐한 먹거리
천 원짜리 행복 담아
왔던 길 돌아간다

5부
아직도 기다리는 등 뒤에

우거진 숲과 새들
흐물흐물 헤엄을 치다
물 밑으로 사라진다

옛 화장터

도심 가장자리
후미진 옛 화장터
소각장 매운 연기에
코 막고 살던 곳

그 흔적 사라지고
꽃과 숲이 어울려
달동네 지친 사람들의
유일한 쉼터여라

첫새벽
눈꺼풀 선잠 달고
선하품 침 닦으며
생활체조 리듬 따라
발맞춰 춤을 춘다

배드민턴 셔틀콕
하늘 가르고
마무리 신난 입 운동에
고단함이 사라진다

약속

부푼 가슴으로
두 손 잡고
슬픔도 기쁨도
함께하며 살자 했다

둥지 틀고
텃밭에 씨앗 뿌려
꼭 쥔 손 놓지 말고
세상 끝까지 가자 했다

그 약속 깨고
손 놓고 떠난 당신

약속 지키려
밤낮없이 김매고 가꾼 열매
풍성한 가을 수확이
떠난 당신을 그립게 한다

자화상

무슨 일로
저 꽃은
피려다 시드는가
말 못 할 가슴앓이
화병을 앓았는지

꽃봉오리
피기도 전에
입 다문 네 모습은
젊은 한때 내 모습 같아

안쓰러워
수심이 가득한
너를
흙과 거름
버무려 넣고

아침저녁
물 뿌리다 보니
다문 입
한잎 두잎 방긋이 웃는다

진즉에 알았다면

이제야 알았네
젊어서 몰랐던
소중한 청춘을

지금은 느끼네
혼자 앉은 밥상머리
서말지* 밥 한 솥
한 끼에 바닥났던
행복한 추억들

겪으며 알았네
이생 저생 넘나들며
산통 겪는 그 시각
엄마의 고통과
며느리 때 몰랐던
시어머님 마음을

---

* 세 말 정도의 양

김장하는 날

알찬 청방배추
갖은양념 버무려
김치 담는 날
품앗이 온 아낙들
하하 호호

자식 자랑 남편 험담
스트레스 날리며
척척 치댄 김치
응달진 처마 밑에
동김치 추머리와* 나란히 묻어둔다

갓 치댄 김치
밥숟갈 위에 걸쳐
꿀떡꿀떡 넘어가니
서말지 밥 한 솥
눈 깜짝할 새 바닥나고
구수한 청국장 냄새
시골 맛 고향 맛
이것이 삶이다

통통이 문전 택배

---

* '항아리'의 사투리

집집마다 아이들 손에 들려 보낸 김치
맛있다는 인사치레에 흐뭇한 엄마는
다음 해 김장을 위해 장비를 챙긴다

나비의 꿈

내가 꿈꾼 사랑은
학처럼 우아하고
별처럼 빛나며 보석같이 값진
누가 봐도 부러운 그런 사랑

장밋빛 고운 꿈 꿔왔는데

이십 대 몽우리 피기도 전
부모님 맺어준 인연 따라
하늘 비만 바라보는
천봉답 다랭이 논에
모 포기로 심어졌습니다

부딪히고 치대며
남의 삶을 살면서
장밋빛 고운 꿈
물거품으로 사라지고
번데기 나비가 되는 고통 겪으며
다시 태어났습니다

장밋빛 사랑 타령은
애벌레의 꿈

이제는 나비의 삶을 향해
날개 펴고 훨훨 날으렵니다

하품

새벽 버스 앞좌석에
앉은 늙은이
내린 발
저려 오는 통증에
엉거주춤하다가
양반다리 꼬아본다

쏘아보는 기사 눈빛에
발 내리고
이면지와 연필 잡아도
마음과 상관없이
하품과 동시에
눈꺼풀이 스르르 흘러내린다

운전사도 입 터져라
하품을 하고
백미러로 훔쳐본 승객들
병든 닭 목 비튼 듯
쥐 죽은 듯이 잠들었다

하품은 전염인가 아닌가

연지 찍고 분 발라도

신년 모임 자리
가져갈 인물화 한 점
때 빼고 광내어 거울에 그려본다
돋보기 귀에 걸고 두드리고 문질러도
소싯적 물기 닦은 민둥 얼굴 못 그린다

고랑 진 세월 자욱 덕지덕지 덧 분칠해도
사라진 젊음 뒤엔 퍼석한 할머니뿐
옷깃 세우고 뒷굽 든 그림
초록에 밀려 없는 듯 숨죽인다

사회자 걸판진 소개로
앞자리에 전시되고
만찬회 주고받는 농담 속에
옛 모습은 어디 갔나 파삭 삭은 할매 됐네
무심코 던진 한마디에 풀 죽어 고개 떨군다

보리 바리

삼월 보리싹 푸른 잎은
뻐꾸기 울음에 영글어가고
황금 들녘 너울 파도 일렁이는 노을빛

소질매* 보리 바리** 비집는 뱀 길 농로
힘든 소 워낭 소리 덜그렁 덜그렁
혀 물고 헐떡이며 더운 김 내뿜는다

보리 짐 부린 일꾼 농주 잔 목축이고
술찌기 탄 구정물은 배고픈 소 허기 채운다

골 넘기는 도리깨소리
큰 머슴 앞소리 장단
울 넘어 메아리

나무 풍구 손놀림에
쭉정이는 울며 가고
알찬 겉보리 곳간 가득 채운다

타작 끝난 일꾼
간수 쩌린 삼베 등지가리***는

---

* '길마'의 방언. 짐을 싣거나 수레를 끌기 위하여 소나 말 따위의 등에 얹는 기구
** 소 등에 가득 실은 보릿짐

염전 밭 한 때기
코와 입은 깜부기다

*** 삼베나 무명으로 동정을 달지 않고 만든 소매가 있는 윗옷

장 담그기

동지 무렵
푹 삶은 백태 콩
고대에* 디뎌 만든 메주
볏짚 각시 옷 입고
실경대** 그네 탈 때
콩 떼먹는 고사리손에
메줏덩이 곰보 된다

초정월 말날*** 잡아
푹 띄운 메주 큰 독에 넣고
소금물을 붓는다

햇살과 바람에 백일 숙성시켜
빛 좋으면 장 뜨는 날
간장 된장 갈라서
추머리에**** 나눠 담는다

해묵을수록

---

* '메주 틀'의 경상도 방언
** 물건을 얹어 놓기 위하여 방이나 마루 벽에 두 개의 긴 나무를 가로질러 선반처럼 만든 것. '시렁'의 사투리
*** 십이지의 제7위인 午(소)일을 가리키는 세시풍속. 장 담그기 좋은 날
**** '항아리'의 경상북도 사투리

달고 깊은 맛이
우리 입맛에 그만이다

너는 졸음

내 몸에 달라붙어
고된 시집 살리던 너
너 품고 흐물대다
등신 별명 붙었지

밤낮없이 품에 안고
몇 날 며칠 쉬었으면

바느질하다 말고
눈꺼풀에 니가 앉아
체면 없이 졸다 보니
어머님께 매 맞았지

내 혼을 쏙 뺐던 너
지금은 너와 내가
마음껏 사랑할 때
이제는 흔적 없이 사라져
한의 양의 도움 받아
너를 찾아 헤맨다

늦은 밤
애타게 기다려도
올 듯 말 듯 하품도 사라지니
대추 향 가득 날려 너를 유혹하노라

삶

눈가에 세월이 그은
거친 고랑은
삶의 연륜

살아온
흔적 뒤에
늦달이 뜬다

길들여진
바라지에
밤이 찢어지는 목마름

떠난 자리 홀로 서서
아직도 기다리는 등 뒤에
새벽달이 기운다

산그림자

햇살 한줄기에
등 떠밀려
소리도 기포도 없이
강에 빠진
치악산

우거진 숲과 새들
흐물흐물 헤엄을 치다
물 밑으로 사라진다

산과 강이
하나가 되니
새 떼 산천어 어울려
소리 없는 공연을 할 때

낙조에 사그라지는 물그림자
한 줄기 빛 그리워하며
아쉬움에 손 흔드는
치악산

언제나 그렇듯이
물은
산을 안고 흐른다

보릿고개

기인 낮 짧은 밤
하지 무렵

깊은 밤
소쩍새 허기진 울음은
고요를 부추기고

묽은 갱죽 연명하다
시어머니 넋이 된 새
적게 하라 솥적 솥적

조무래기 잠재우다
선잠 깬 청춘 과수는
품팔이 디딜방아
쿵덕 쿵 쿵덕 쿵
새벽을 연다

쫀득쫀득 풋보리 찐쌀은
철부지 간식거리
거칠은 꽁보리밥은
젖 떨어진 아이 울음 밥
오늘도 떠난 지아비 그리워하며
늦도록 품을 판다

마지막 동반자

결혼 후 사십 년을
하자는 대로 해드리며
히죽히죽 웃고 사는
모자라는 며느리는
대중탕 목욕 갈 준비에
갈아입힐 옷을 삽니다
어머님 팔짱 끼고 목욕 바구니 헐렁이며
세상 끝난 사람처럼 치대며 걷습니다

아이처럼 떼쓰는 어머님을
어르고 달래어 몸 불려 닦을 때
식은 재 불씨 같아 안쓰러워
한방에 지내며 토닥이니 영락없는 막둥이
감은 눈에 고인 이슬 시린 마음 닦습니다
짬짬이 정신 들면 먼저 간 아들 생각하며
흥얼흥얼 부르시던 곡조 없는 슬픈 노래에
며느리는 말없이 돌아서서 웁니다

법으로 맺은 연 남 보긴 짐 같아도
없으면 허전한 동반자요 짝입니다
미래에 내 모습 여유 없는 남은 삶
미리 보는 며느리는 후회하지 않으려고
휠체어 몸담아 이승 소풍 끝날 때까지
보이는 것 두루두루 눈에 담아 보내드리렵니다

막내둥이

내 아들딸 네 남매
어린 시절에
군인 담요 펼쳐놓고

묵은 달력 뒤편에
숯검정으로 말판 그리고
바둑돌로 망아지 만들어
윷놀이하다가

여덟 살
막내둥이
잃은 돈 몇십 원
아까워 못 내놓고
화가 나서 웁니다

중년이 된 남매들
옛이야기 꽃핀 자리
따면 내 것이고
잃으면 그만하자며
너 어릴 적엔 불리하면 울었지
누나들 하하 호호

18번 곡

결혼 첫날 피로연에서
당신이 부른 노래
과거를 묻지 마세요
하객들 박수 대신
쑥덕쑥덕 수군대니
썰렁한 분위기 알아차리고
나 하나의 사랑을 다시 불렀지요
친지들 배꼽 잡고 킥킥대다가
신랑 다리 묶어놓고 추달합니다

수년 뒤 옛이야기로
첫사랑 있었냐고 묻는 아내에게
18번 곡 불렀을 뿐 마음 쓰지 말라네요
그 사람 애창곡은 한두 곡이 아니고
장소와 분위기에 따라 바뀐답니다

선술집 친구 함께 부르는 노래
두만강 푸른 물 사공 되어 노 젓다가
찔레꽃 붉게 피는 고향 생각합니다

당신 떠난 지 오래
강산이 변하고
그리울 때 불러보는

당신 애창곡 찔레꽃
눈물로 흥얼대며
오늘도 내가 대신 불러봅니다

삐알밭

고향 안산 아래 고개
석비늘 황토산을
무쇠 호미 목 돌아가도록
땀 흘려 일군 개간지

자갈흙 사이사이
모종한 고구마 순에
차돌같이 단단한 밤고구마 열렸다
입사는 꼴머슴
깔비 한 짝 공가* 놓고
손톱이 다 닳도록 서리한 생고구마
이로 싺아 허기 때우고

배고픈 산돼지들 알밤 꿀밤 부숴 봐도
입만 달싹 배는 고파 이 산 저 산 먹이 찾다
눈에 불 켜 어둠 뚫고 고구마 밭 파헤친다

매년 농사 망쳐버린 허탈한 밭주인
삐알밭 한 자락 저승 땅 집 지어놓고
어매 아배 한데 모여 밤낮없이 망을 본다

---

* '괴다'의 경상도 사투리

할미꽃

여덟 남매
일곱째
지난겨울 치운 딸
해 묵혀 시집가던 날
엄마 손 꼭 쥐고
통곡을 하다
두려움에 떨며 갔다

등 넘고 강 건너
시집간 딸 못 잊어
몸은 방에 있어도
앞산 능선 고갯길
혼은 거기 앉아 있다

엄마 혼 앉은 자리
넋이 된 할미꽃
딸 사는 곳 바라보며
오늘도
다소곳이
피고 지며 기다린다

겨울 시위

늦가을
달성공원
산성 둘레 산책길
홀딱 벗은 팽나무 한 그루
마른 가지 휘파람 불며
시위를 하고 있다

봄바람 타고 와
팽 잎에 쉬었다 간
벚꽃 아씨 향 못 잊어
가슴앓이 애태우다

낙엽 한 잎 걸치지 않은
민망한 알몸으로
머리는 땅에 묻고
물구나무 거꾸로 서서
사지를 떨고 있다

피붙이 안쓰러워
춘삼월 움튼 순
속옷 되어 가려준다

귀빠진 날

시월 달력 첫째 주 목요일
아래 칸에
내 생일이라 크게 쓰고
동그라미도 그립니다

봐줄 이 하나 없어도
빨간 표시 짙게 하고
허탈해 웃습니다

한가위 달 뜰 무렵
앞당긴 생일
상다리 휘어지고
축하송 하하 호호
친 외손 재롱에 함박꽃이 핍니다

보름달 질 무렵 막 내리고
다음 날 해 뜨기 전
짐 챙겨
뿔뿔이 떠난 뒤
허전함은 남은 이 몫입니다

동그라미 그려진 그날
쓸쓸한 밥상머리
기다릴 때가 좋습니다

6부
목을 씻고 하늘을 마신다

만남부터 이별까지
퉁퉁 불어
꺼억꺼억 시가 되어 올라온다

까치

초겨울 된서리에
웅크린 까치발
시린 발뒤꿈치 들고
자박 자박 깍깍깍
새벽을 연다

아침 까치 울음은
반가운 손님 오신다네
취직 공부 성내 간 님
진종일 기다려도
깜깜소식 없으니
까치 울음은 전설일 뿐
으스름달 질 무렵
허탈해 슬프다

새는 날
잠들 무렵
기별 없이 오신 님
첫 새벽 아래 위채
선잠 달고 경사났다

어머님

어머님
손발 씻어
보자기 펼쳐놓고
손톱 발톱을 깎습니다

뼈만 남은
앙상한 손발은
차가운 얼음장
시린 몸 조물조물
온기 넣어드려도
날마다 굳어지니
보기에 안쓰러워
한숨을 쉽니다

기름 떨어진
호롱불
가물가물 타는 심지 같아
휠체어에 태우고
사모곡 흥얼거리며
오늘도 공원길을 걷습니다

왼손과 오른손

1박 2일
본방부터 재방을 다 봐도
즐거움보다 지루함에
채널 빙빙 돌리며
주리를 트는
팔십 대 홀로 사는 외로운 늙은이
하루해가 지겨워
마흔여덟 장 그림 펼쳐
하루 운세를 본다

국수 먹고 술 마시고
달밤에 임을 만나
산보하는 패를 떼도
소식 없으니
화투 점은 재미일 뿐

왼손과 오른손
편 갈라
뒤져 먹기 화투를 치다
왼손이 이기면
오른손 이길 때까지 열 올려 친다
내 몸에 붙은 수족 똑같은 양손인데
왜 오른손 편을 들까

햇살

가을 하늘이
여릿여릿
저만치서 온다
맑고 푸른 하늘은
호수처럼 깊고
푸른 하늘에
내 혼과 몸이 안길 때

가슴으로
스미는 그대 내음
초가을 들꽃처럼
향기롭고

따사로운
남은 햇살 줄기에
목을 씻고 하늘을 마신다

갈바람에
능금이
빨갛게 익을 때
그대는
저~어 멀리서 나를 영글게 한다

수태골 벚꽃길

팔공산 수태골 웅장한 벚꽃길
계절 따라 입은 옷이 아름답구나

만개한 꽃잎에
걸음 멈춘 길손 함성이 터지고
꽃비 내린 융단 길 위로
벌 나비 춤추며 봄이 열린다

연둣빛 잎새가 몰고 온 더위에
조롱조롱 나락이 영글어갈 때
목마른 씨릉매리* 깡 울음 울어울어
벚나무 그늘 아래 피서객 땀 식힌다

초록 잎 갈바람에 물들어
노랑 빨강 갈아입고
공산 길섶에서 손님맞이 손 흔드니
색동 고운 옷 설악 못지않구나

---

* 쓰름매미의 경상도 방언

곱창과 막창

저문 귀갓길에 혼밥이 서글퍼서
뚜벅뚜벅 걸으며 저녁 밥상을 차려본다
후루룩 국수 먹을까
아님 언 밥 덥혀 한 끼 때울까
고민하는 눈앞에
콜레스테롤 때문에 금지된 곱창 막창이
네온 간판에 동동 떠 나를 불러들인다

먹을까 말까 짭짭대다
곱창과 콜라를 시켜버렸다
짜글짜글 노릇노릇 깻잎 상추 쌈 싸
찬 음료와 함께 꿀떡꿀떡
입은 즐거운데 소화가 두렵다

화가 난 위 꼼짝도 않아 병원을 찾았더니
뭘 먹었나 묻는 말에 막창 실컷 먹었다 했다
기가 찬 원장님 할 말 잃고 웃으시며
기름진 고기와 찬 음료는 기름이 응고되어
배속이 마비돼 움직이지 않는다며
약 처방을 내렸다

일주일을 굶어도 화장실이 분답고
생 몸살을 앓았는데도 곱창 막창이 그리우니…

세월은 간다

동지팥죽 새알심 안 먹는다고
나이 안 먹나

질긴 목숨 줄 부지하려
곡식에 자투리땅 받아 놓고
코흘리개 딸 민며느리 보내는 어미
가는 시간 멈추려
첫새벽 우는 닭 목을 비틀어도
날은 밝아 오고

초침 분침 시계추 멈춰도
세월은 간다

고향의 봄

아카시아꿀 나르는 벌 분주히 바쁘고
꽃 향에 취한 길손 걸음 멈춘
내 고향 유리
육이오 총알 폭탄 불길 피한
대밭 밑 초가삼간에서
팔 남매 피난시켜 하나같이 보살필 때
인자한 성품과 훈장 같은 가르침으로
손색없이 성장시킨 장한 우리 엄마

물레 잦는 엄마 무릎 베고 누운 어린 딸은
엄마가 흥얼거리는 신세타령
곡조 없는 슬픈 자장가에
뜻 모르고 나도 몰래 울었습니다

옛 생각에 둘러본 그리운 고향 집
베어낸 왕대 자리 마른 댓잎만 우수수
대밭 도량*에 피던 범이** 도심에 시집가고
참나무 속살 먹고 살던 장수풍뎅이 하늘소
사라진 지 언제던가
가슴은 먹먹 뜨거운 눈물이 주르륵
코끝은 시려옵니다

---

* 지경, 경계의 방언
** 범꼬리꽃의 방언

사라진 폴더 폰

과로한 손주 폰 배터리 기절해
산소 호흡기 꽂아놓고
이불 쓰고 누운 손주
이불자락 달싹달싹
반짝이는 불빛은
게임장으로 돌아가는
사라진 할머니의 폴더 폰

모른 척하는 할머니 천불이 나고
속 타는 어미 코 더운 김 내뿜는다
고갈된 배터리에 목숨 줄 끊어진 폰
스르르 이불 밖으로 밀려나고
깜깜한 폰 쥐고 말 잃은 할미는
외부 소통 끊어져도
가타부타하지 않고 모른 척 입 다문다

시가 되어

힘들고 억울해 눈물 삼키며
신세타령 팔자타령에
속이 부풀어
빈터 서리에 토를 한다

즐거움은 소화되고
괴로움만 뱉어내니
게워 낸 이물질 속엔
찌들린 고달픔과 한 서린 삶이
만남부터 이별까지
퉁퉁 불어
꺼억꺼억 시가 되어 올라온다

참고 견뎌낸 억울한 눈물이
밑거름되어
움튼 새순에 꽃이 피고
맺은 열매는 설익어 떫지만
지난 세월이 안겨다 준 풍성한 수확이다

긴 낮 짧은 밤

희붐한 첫 새벽부터
모내기 보리타작에 허리 펼 새 없는 젊은 농부
반복된 일상 부족한 잠에
짧은 밤이 아쉬워
서서도 자불고* 걸으면서도 꿈을 꾸니
낮잠 한숨이 소원이다

땡볕 우거진 콩밭에 바래기 풀 뽑으며
흥얼흥얼
초복 중복 말복아 어서 가거라
가을 추수해 놓고
밤낮없이 깨지 않고 푸욱 자게

동지섣달 긴 밤이
그리웠던 게 엊그제 같은데
어느새
한가한 늙은이 되어

홀로 견딜 긴 밤은 죽음보다 두렵다며
긴 낮 짧은 밤을 손꼽아 기다린다

---

* '졸다'의 방언

백 살을 앞두고

해가 뜨고 지는 것은
세월을 재촉하고

달과 별이
뜨고 짐은
나를 늙게 하는구나

부귀와 영화는 아침 이슬 같고
권력의 화려함은 새벽안개 같아라

백 살이 가까우니
먹는 건 어디로 가고
지릅* 같이 마른 몸이 왜 이다지 무거운지

미움도 그리움도 욕심 함께 내려놓고
비우고 또 비워 가볍게 떠나리라

---

* 껍질을 벗긴 삼 줄기

틀니

밤새 편두통과 씨름을 하다
못 배겨
한 주먹 약과 박카스를 한입에 삼키니
잠은 날아가고
귀에선 상여 앞소리와 상제들 곡소리
환청과 이명에 머리가 송신하여*
맘 갈피 못 잡고
좁은 방 다람쥐 쳇바퀴 돌듯이 나부대다
벽을 보니 시계는 양팔 벌린 허수아비다

양치 후 틀니 끼고
장롱에 등 기대어 졸다 깨니 이른 아침
서둘러 밥 차려놓고 틀니 찾아 헤맨다

찾아봐도 이가 없어 굶고 앉아 청승 떨다
고개 들어 거울 보니
입안에서 하얀 이가 나를 보고 웃고 있다

---

* '정신없다, 어지럽다, 혼란스럽다'라는 뜻의 경상도 사투리

별난 엄마

엄마 일정 겹칠까 봐 휴가 날짜 앞당겨 알릴 때
고맙다 하면 될 것을
두고 가면 서운한 걸
니들끼리 가라니
별난 엄마

엄마 선물 뭐 살까 필요한 것 정하라 할 때
이게 좋아 하면 될 것을
맘대로 하라 해놓고
바꿔 달라니
또 별난 엄마

엄마 목소리 가라앉으면
딸랑 딸랑 눈치 보는 아들딸들
무소식이 희소식인데
기다리면 될 것을
벨 소리 뜸하면 안달이 나
전화통이 불나는 별난 엄마를

맞추느라 얼마나 힘들었을까
뒤늦게 별난 줄 안 엄마는 미안해한다

고마워

화를 낼만 한 일에도 방긋방긋
속이 문드러져도 내색 않는
여린 손가락
생각만 해도 마음 아프다
위아래 치여 대접받지 못했던 어린 시절을
불평하지 않고
언제나 나보다 네가 먼저
엄마 마음 아플까 봐 설움을 묻어둔다

직장 근무 중에도 시도 때도 없이
이게 뭐꼬 우째 하노 물어보는 엄마한테
화내지 않고 답하는 해결사다
해준 것 없는 엄마는
이런 대우 받아도 되나
고마움과 미안한 마음뿐이다

이리 봐도 저리 봐도
날 닮은 구석이 없다

가족 그림

호적 초본 딸 이름 위에
그어진 붉은 줄의 섭섭함
어디 비하랴
이십여 년 애지중지 키운 딸
뿌리째 뽑아
사위 호적에 심었으니
시집간 딸은 사돈 식구라 여겼다

엄마엄마 못 잊어 하니
덩달아 외손까지 잘해줘도
어머님이 그랬듯이 나 또한 친손이 먼저
우리 강아지가 그린 가족 그림 속에
사랑하는 엄마, 아빠, 오빠, 이쁜 딸 나
행복한 우리 가족 방긋방긋
서툰 글귀 흐뭇하고 기특하면서도
눈가에 이슬이 맺힌다

지 오빠 저만할 때 그렸던 가족 그림 속엔
빠글빠글 파마머리 할매 끼어 있었는데
혼자서 서운해 삐졌다 돌아왔다
할매 거기 없다고 핏줄이 바뀌나
늙으면 애가 된다더니 내가 얼라*가 됐나 보다

* '아기'의 방언

노부부

아들딸 오 남매를 짝지어 떠나보내고
귀먹은 구십 대 꼬부랑 할배 할매가 고향을 지킨다
고추 콩 참깨 들깨 오일장 날 돈 바꿀 때
오토바이 뒷좌석에 고추 포대와 부인 태워
늘어진 촌길 십 리 재어보면 이십 리 길
비포장도로 달려가 장터 들머리에 짐 부리니
포대기만 남아있고 할매는 없다

놀란 할배 왔던 길 거슬러 뒤돌아가니
눈만 빠꼼한 먼지투성이 백발 할매
길섶에 흘러 있다
눈시울 젖은 할배 먼지 털어 다시 태워
장터 국밥집 평상에 소머리국밥 시켜놓고
불쌍하고 미안한 맘에
귀 어둔 몸 한탄하며 속으로 운다

이듬해 가을 임은 가고
돌아본 아쉬움에 뉘우치고 후회하며
땅 물고 수확한 곡식 자식 주려 또 챙긴다
재활용도 안 되는
홀로 사는 외로운 구십 중반 할배를
고택이 모시고 산다

절레절레

음정 박자 가사까지
맞는 게 없어
한 곡도
못 끝내면서
이 절까지 부르는 것은
실패한 일 절을
메꿔보려고…
땀 빼며 부르고 후회를 한다

마이크 돌아오면
못 한다 빼다가
흥 난 분위기 방방 뛸 때
흐늘흐늘
부르스 불러
무르익은 판을 깬다

못 한다 못 부른다
고개 흔들면
시키지 말아야지

수험생

책상머리 고개 숙인
고3 수험생
책상 위엔 문제집
무릎 위엔 스마트폰
눈은 뱅글뱅글
폰은 반짝반짝

무얼 합니까

얼굴은 문제집
눈동자는 스마트폰
두 귀는 현관 밖 엄마 마중 보내고
손끝은 폰 위를 톡톡 뛰고 날다
엘리베이터 멈춤 소리에 문제집이 바쁘다

퇴근한 엄마 현관문 들어서며
고생한다 안아주고
알면서도 속아주는 엄마 속은 문드러진다

세상맛 모르는 애는 느긋하기만 하고
안달이 난 엄마가 고3 수험생

목화와 삼

높은 곳에 목화 심고 낮은 곳엔 삼을 심어
삼복더위에 삼 굴에 삼 익혀
껍질 벗겨 주인 주고 품삯 지릅대기* 가져와
벽살 엮어 집을 짓는다
앞니로 꽁지 훑어 무릎 위에 삼을 삼아
엉금엉금 석새비는 홑이불 하게 밀쳐두고
촘촘한 고운 삼베 수의와 혼수로 쓰게
장롱 속에 간직한다

노란 꽃 분홍 꽃 목화꽃 지면
몽실몽실 열린 다래
학교 갔다 오는 길목 목화밭에 발이 멈춰
주인 보면 매타작할 달달한 추억의 다래 서리

다래가 핀 두 번째 꽃 목화
시들지 않는 영원한 꽃
양지바른 산기슭에 널어둔 미영대**
쐬기***에 미영씨 앗아 활줄 당겨 솜을 타서
뿔뚝 미영**** 굵은 실 뽑아
슬금슬금 바대집***** 내려 이불 속통 만들고

---

* 삼나무의 껍질을 벗긴 삼대
** 목화 줄기
*** 목화의 씨를 빼는 기구
**** 마르고 덜 펴서 품질이 좋지 않은 미영(목화)

맏물 목화 실을 뽑아
엿새비 고운 비로 자식 공부시키고
논도 사고 집도 사는 목화꽃

***** 바디집의 방언

이치

울음으로 태어남을 알리고
엄마 아빠 보살핌에 재롱부리며
네발로 기고 걷고 뛰고 떼쓰다 어른이 되어
부모 봉양 자식 바라지로 젊음은 후딱 가고

걷던 두발 작지* 짚고
세 발로 걷다 네발로 기며
기저귀 다시 차고 빨대 꽂은 우유 물고
배고프다 떼를 쓴다
아들보고 아빠라 하고 딸을 엄마라 부르니
힘든 아들딸
부모가 자식 기를 때 맘과 달리
노망났다며 걱정이 소복하다

이 눈치 저 눈치에
서로 안 모시려 이유를 대다 요양원에 모셔놓고
순번 정해 면회를 가며 떠날 날을 기다린다

아이 자라 어른이 되고 늙어 늙어 아이가 되니
돌고 도는 인생길
부모는 자식이 되고 자식 또한 부모가 되어
뿌린 대로 거두면서 진 빚을 갚는다

---

* 지팡이의 경상도 방언

7부
짭짝짭짝 구경만 하다

네가 왜 거기에 있어
반가워 다시 보니
내 삶의 흔적들이 나를 보고 웃고 있다

달집에 묻었다

음력 설 세배 끝나고
손님 뜸한 틈 사이
달동네 아낙들은 삼삼오오 짝을 지어
싹 새기 신 할매 찾아가
일 년 신수 운세를 본다

도리상 위에 냉수 한 사발
세종대왕 모셔놓고
엽전 일곱 량을 짤랑짤랑
사방팔방 신장 불러
가족들 나이 생일 시까지 읊어
치 머리 흔들며 주르르 던진 엽전에
운세가 보인다며
뒤졌다 밀었다 들여다보고
낙매수에 구설수 삼재까지 겹쳐져
무사하기 어렵다며 치방을 하라 한다

시킨 대로
명태 해삼 팥 소재 종이에 소원 담아
대보름 달집에 넣고
맘 편히 살려고 누가 보고 웃든 말든
타오르는 불을 향해 두 손 모아 빌었다

소나기와 야시비처럼

칠월 땡볕 열대야와 가뭄에
기우제를 지내던 비도
계속 오면 해가 되고 푸른 잎은 사라진다
칠 년 대한과 가뭄에도 씨앗은 있다지만
긴 장마에 녹는 풀잎 이삭 구경 어렵다

덥고 따갑고 지겨운 여름 땡볕도
며칠만 안 보면 못살 것 같으니
해를 두고 자식이라 했던가
그리워하던 형제도
만날 땐 반갑지만 삼 일 넘게 머물면 지겨워
형제를 두고 장마라 했나

눈에 넣어도 안 아플 자식도
오면 반갑고 가는 뒷모습은 더 반갑다는데
형제간의 왕래는
여름날 쏟아졌다 그치는 소나기와 야시비처럼

후회

맘에 들어 탐이 나도
여유 없는 삶에 가격도 못 물어보고
짭짝짭짝 구경만 하다 발 돌렸는데
백화점 마네킹이 입고 환하게 웃고 있다

비싸다 말도 못 하는 나를
모델로 세워서 입혀 놓고
예쁘다 어울린다 부추기는 친구들 말에
겁도 없이 아들 카드 긁고서는
가슴은 두근반 서근반*

반품할까 고민하니 자존심 상해
아들한테 전화해서
친구 옷 사는데 카드 빌려줬다며
계좌 찍어 보내라 했다
엄마도 한 벌 사지 이쁜 말 하는 아들
안 산다고 거짓말하고 통장 잔금 긁어 부쳤는데

아끼느라 고이고이 보기만 하다
세월 흘러 유행 지나고 퇴색해
농 안에서 늙고 있다

---

* 두근두근의 경상도 방언

못 잊어

떠난 이
못 잊어서
홀로 남아 그리워하다

떠나신 날
행여 오실까
향초 밝혀 놓고

생전에
즐긴 곡주
놋 잔 가득 따르면서

정성껏
차린 음식들
드시고 담아 가소서

옛 고향

어릴 적
고향 뒷산
높고도 험하더니
지금사
들러보니
아담한 작은 야산

작은 키엔
웅장한 산이
커서 보니 낮아라

앞 냇가
흐르는 물은
강보다 깊고 넓어
삼복더위
피서지로
친구 함께 들렀더니
푸른 물
오간 데 없고
얕고도 좁은 도랑

어릴 때
넓고도 깊었던 물이
커서 보니 얕아라

월간지

둘째 딸 내외 함께
입에 녹는 갈비 먹고
필요한 책 산다며
서점에 가자 한다

붐비는 교보문고
한비문학 2월호에
히죽히죽 웃고 있는
내 시를 보고
내 딸이 웃고 있다

월간지 손에 쥐고
스마트폰 찰칵찰칵
서울서 두바이까지
엄마 시 날리고
신이 나 국어사전 쥐어주며
도움 받아 쓰라한다.

삐리리 삐리리
하하 호호
엄마 시 최고라니
세상에 내 시를
시 아니라 눈 돌려도
너희 인정해 주면 쓰고 또 쓸거다

한세월

잊으라
하면서도
마음은 못 잊어서
빛바랜
가족사진
들미 날미* 바라보다

한세월
흐른 뒤에
손바닥 눈 가리고
닮은 이
있나 하고
찾고 또 찾아봐도
비슷한 이 하나 없어

행여나
잊을세라
지갑 속에 든 증명사진
보고 또 바라본다

---

* '들며 날며'의 경상도 사투리

강가 사람들

물길 따라 칠백 리
흘러 흘러가다 보면
아래 강섶 한 자락
메기 하품 자물은 곳*

빈곤한 들녘에 웃비 내리면
밀려든 황토물은 문지방에 저불저불**
겁먹은 사람들은 쇳소리로 물을 쫓고
논배미와 밭고랑을 황토물이 쓸어갈 때
논밭은 강이 되어 출렁출렁
강 건너 사람들은
밀려온 모래흙으로 큰 밭 이뤄 신이 난다

홍수가 질 때마다
쓸어간 곳은 눈물짓고
밀려온 곳엔 웃음 주니
여름 하늘이 강가 사람들을 울리고 웃긴다

---

* 메기가 하품하며 토해내는 물에도 잠길 만큼 홍수가 잦은 동네라는 뜻의 경상도식 표현
** 물 같은 액체가 가득 차서 넘칠 것 같은 모양을 나타내는 경상도 방언

계절

소등에 보리 바리 마당에 깔아놓고
도리깨로 타작한 겉보리 빻은 햇보리 쌀
봄이 일찍 온 남부가 빠르고
북부 온실에 자란 모 얼음 논에 심으니
봄은 늦어도 추수는 빠르다
보리는 베며 올라가고
나락은 베며 내려온다

봄 새순 기슭에서 잎을 피워 능을 오르고
가을 고운 잎 물들며 능을 타고 골로 내려온다
남해 코스모스 춤추면 서울엔 서리가 내리고
설악 대천봉 비목 마른 가지에 눈꽃이 핀다
푸석한 잠자리 산새 울음 쓸쓸하고
초가을 유난히 맑은 햇살
놋숟갈로 간보다 취해버린 이른 아침

아버님의 실수

오십 년 전 초겨울 어느 날 해 질 녘에
노인정 총무가 헐레벌떡 달려와
아버님이 술에 취해 실수했다고 귓속말을 했다
놀라서 갈아입힐 옷 챙겨 뛰어가니
실수한 줄도 모르고 단잠에 빠지셨다

연탄불에 물 덥혀 몸 닦아 옷 갈아입히고
입었던 옷 씻어 널어놓고는
무안하실까 봐 나긋나긋
아버님 부둥켜안고
갈팡질팡 집으로 오는 길이 비좁다

영문도 모르시는 어머님
시애비 옷 몰래 버렸다며 나무라셔도
입 다문 며느리
꾸지람은 들었지만 어머님 모르시니
아버님껜 다행이고 집도 조용하다

우리 엄마

모자람이 넘침보다 낫다고
여자가 글을 알면 건방져 안 된다며
서당 근처도 못 가게하고 살림하는 법 배울 때
사랑채 오라비 가르치는 접장 글 읽는 소리에
소죽솥에 불 때며 부지깽이 검정으로
바닥에 따라 쓰고 읽다가
훈장님이 오빠에게 던진 질문에
정지에서 답변이 나와 쪽문을 여니
목침만 한 여자아이가 흙바닥에 글을 썼다 지웠다
재능이 아깝다며 훈장님 혀를 찬다

이삭 줍듯 뒷글에 지혜를 얻어
아픈 남편 병수발 여러 남매 뒷바라지 틈 사이
짬짬이 글 모르는 아낙들 모아놓고
책 속에 쌀과 돈이 있고 또 다른 세상이 있다고
여자도 언문은 알아야 한다며
기역 니은을 가르치셨다
낭랑한 초성으로 장화홍련 심청전
꽁재채기* 토끼전 고전 야담도 읊으시니
아낙들 치맛자락으로 눈물 훔치며
새로운 세상을 열어준 우리 엄마를
스승으로 생각하며 존경하였다

---
* 옛날부터 내려오는 꿩 이야기

적당히

연륜이 깊을수록 많이 하는 말
적당히
진즉에 그 말 깨우쳤더라면

철부지 새색시를
날 때 송아지 들 때 며느리라며
길들이기 나선 어머님
치맛자락 허리춤에 꽂으시고
소매 끝 동동 걷으셨다

결벽증 어머님과 씻지 않는 아버님
한집에 살아도 남이나 다름없어
들일하고 오신 아버님
등목부터 목욕까지 챙겨드리니
어머님의 말씀과 눈살이 부드럽다

살아남기 위해 하다 보니 이골이 나
힘든 줄도 모르고
오랜 세월
정성을 다하였다

귀염 받는 며느리로 거듭날 순 있었지만
감당할 만큼 적당히 했으면
몸과 마음 만신창이는 안 되었을 것을

산책

광교산 황톳길
굽이굽이 능선 따라
딸과 걷던 산책길을
홀로 걷는다

내려갈 때 헷갈릴까
세 갈래 길에 꽂아둔 작지*
돌아보며 익힌다

올라갈 때 못 봤던 나물
내려올 때 보이길래
두리두리 살피니

고사리 마른 잎 사이
주먹 쥔 아기 손
털이 송송 돋은 순을
감탄하며 꺾는다

---

* '작대기'의 경상도 사투리

부엉이 울음

공원 들머리 오른쪽 언덕바지엔
얼룩말 산양 꽃사슴이
창살 사이 마주 보며 입맞춤하고
왼쪽 구비 돌아 새들의 동네
칠면조 공작 화려한 춤에 구경꾼이 모인다
독수리 고목에 앉아 경비를 서고
어둠 내리면 불침번 서는 부엉이
부엉부엉 공원을 잠재운다

푸드득 꼬끼오오오
장닭 새벽 알리는 평온한 마을에

조류 독감으로 실려 가는
오골계를 본 칠면조와 공작은
움츠려 사지를 떨고
오금 저린 독수리 고목에 못 올라가
목을 땅에 떨군 채 눈물을 흘릴 때
오골계와 닭 집엔
접근 금지 붉은 띠가 둘렸다

공작 부채춤도 장닭의 새벽 알림도 기척 없고
부엉이 슬픈 울음에 적막이 흐른다

마음 비우고 떠날 수 있는 것은

폐암 4기 선고를 받고
눈앞이 깜깜한 환자는
내가 설마 하면서도
식은땀이 등줄기를 타고 내린다

젊어서부터 지금까지
호스피스 병동 간병인으로 일하면서
수없이 맞이하고 보낸 사람들은
그냥 내 돈 버는 일거리였는데
내가 그 자리에 눕게 되니
떠난 이들의 마지막 고통이 보인다

어린 자식 보내며
몸부림치던 애미 통곡이 보이고
흰 홑이불 덮은 애미 마지막 모습에
다섯 살짜리 딸 울음도 보이고
혀가 말려 물방울도 흘러내리던
부모님 마지막 모습도 가슴으로 지나간다
마음 비우고 떠날 수 있는 것은
많은 사람과 이별한 경험 때문이다

마지막 가는 길

호스피스 병동 의사가
이별이 임박하였다며 보낼 준비를 하라 한다
억장이 무너져 가슴 치며 장례 준비를 하면서도
평온한 척하는 건 환자를 위해서다

문병 온 사람이
만삭에 호박꽃 핀 환자 손잡고
좋아졌다 하는 말도
예예 좋아지고 있다는 보호자 말도
다 거짓말이다

속임이 약이 되어
목도 못 가누는 몸으로 눈 반짝이며
퇴원하면 동해 가자한다
그래그래 비키니 입고
수영도 하자는 남편 말에
들뜬 맘 행복해
마른 입가 웃음이 가득하다

보는 가족 타는 가슴은 까만 숯덩이
숨은 눈물만 흘린다

우연히 너를 만나

화장실 책꽂이에 꽂힌 시 낭송 집
행사 때 찍은 흔적 속에
낯익은 시인과 시
차근차근 책장을 넘기니
빠글빠글 파마머리 나도 거기 끼어있다

눈 비비고 안경 닦아 다시 들여다보니
삐알밭 시들과 해설이 모여
도란도란 이야기를 나누고 있다

네가 왜 거기에 있어
반가워 다시 보니
내 삶의 흔적들이 나를 보고 웃고 있다

어지럼증에 떠밀려
시를 놓은 지 몇 해던가
수년이 흘렀는데도 반갑고 고마워서
그 자리 내준 분께 감사하며
다시 이면지와 연필을 잡고
삶의 그림을 그려본다

허무

높은 산상봉에 늙은 소나무
외로이 홀로 서서
머언 하늘 바라보며
떠난 임 생각에 마른 눈물 삼킨다

자식 위해 맨 허리띠에 배고픔도 잊은 채
밤낮없이 뛰어도 지친 줄 모르고
반짝이는 별까지 내 것이라 여기며
기쁨으로 살았다

제짝 찾아 둥지 트니
기른 어미 등 돌리며 원망만 돌아오고
이편저편도 못 들고 엉거주춤
부대끼는 몸 얇은 주머니에
부부 정도 멀어진다

해지고 달 기우니 별이 총총 빛나건만
내 것은 오간 데 없고 서러움만 밀려오니
내 맘은 어둠 속 텅 빈 가슴 외로움뿐

이리 차이고 저리 차이니
운동장에 뒹구는 축구공 신세

따박따박 걸어온 삶의 궤적,
이영주 시인의 마음을 엿보다.

김영태
(명예문학(평론)박사·전_한국문학비평가 협회 부회장)

이영주 시인의 시집 <<따박따박 걸었다>>는 시인이 살아온 삶의 시간을 '천천히 신중히' 되짚어가는 궤적을 고스란히 담고 있다.
오랜 시간 곁에서 지켜본 이영주 시인은 차분하고 포근하며 단아한, 깊은 배려심을 지니고 있다. 이러한 따뜻한 품성과 주변을 너그럽게 보듬는 고결한 품격은 몇 번 만나본 시인의 자녀들에게서도 그대로 느껴져, 시인이 가지고 있는 이러한 좋은 영향이 파문을 일으켜 번지고 번져서 자연스레 이어진 듯하다. 이러한 깊고 은은하게 퍼져나가는 좋은 영향은 시 곳곳에서도 여실히 느껴진다.

자녀들의 적극적인 권장과 헌신적인 손길로 세상에 나온 이 시집에는 시인의 단아한 품격과 함께 자녀들의 정갈한 마음마저 깊이 스며들어 빛을 발한다.
이처럼 아름다운 마음들이 어우러져 탄생한 시집 <<따박따

박 걸었다>>는 따박따박 느린 걸음으로 세상을 돌고 돌면서, 묵묵히 세상을 살아온 시인의 삶의 궤적을 고요하고 따스한 감동으로 독자들의 가슴에 펼쳐내어 깊은 울림과 잔잔한 긍정의 파동을 선사할 것이다.

시집<<따박따박 걸었다>>에는 일찍 떠나간 남편, 애틋한 자녀, 그리고 다양한 인물들과의 관계 속에서 묻어난 생활의 질감, 깊은 감정의 흔적, 섬세한 정서들이 서두르지 않는 삶의 태도로 "따박따박" 한 걸음 한 걸음 내딛듯, 그녀의 시 역시 '한 뜸 한 뜸' 정성스러운 손길로 직물을 짜듯 서두르지 않고 시간을 차곡차곡 쌓아 올린 삶의 순간들을 깊이 음미하고 되새겨 분명히 드러내고 있다.

시집<<따박따박 걸었다>>에서 다양한 감정들을 솔직하게 드러내는 시인의 시는 독자들과 함께 웃고, 울고 탄식하며, 때로는 뭉클한 감동으로 마음을 따뜻하게 어루만져 주어, 독자들에게 삶의 속도를 늦추고 자신의 내면과 주변을 차분히 돌아보도록 권유하며, 오랜 세월의 무게와 연륜이 담긴 깊이와 통찰을 통해 관계와 감정의 의미를 되새기게 하는 힘을 지니고 있다.
이처럼 따뜻한 품성과 세월의 깊이가 느껴지는 원숙한 품격이 오롯이 담겨 있는 이영주 시인의 시 세계로, 서두르지 말고, '따박따박', '한 뜸 한 뜸' 걸어 들어가 보자.

뒷굽 들고 따박따박
폼 잡고 걷다가

인도 블록에 걸려 기우뚱 내동댕이쳐졌다

침과 뜸으로도 차도가 없어
정밀 검사를 하니
무릎 뒤 오금에 인대가 터졌다며
이런저런 주사를 맞으라고 한다

아들 도움으로 물어본 큰 병원 의사 말이
터진 인대 붙는 약 없고
주사도 약도 기다림만 못하다며
세월이 약이라고 걸음을 아끼라 한다

느긋한 마음으로 조심조심 시간을 보내니
몸이 다시 제자리로 돌아왔다
주사 맞고 약 먹었으면 약 효과로 돌렸을 것을

때로는 세월이 명약이 될 수도 있다
<폼 잡고 걷다가>전문

<폼 잡고 걷다가>는 시집 <<따박따박 걸었다>>를 관통하는 의미심장한 작품으로, 시인이 걸어온 시간의 흐름 속에서 깨달은 삶의 지혜를 유쾌하게 펼쳐낸다.

'따박따박'이라는 느리고 신중한 발걸음을 묘사하는 듯한 제목과는 달리, 시의 초반부 "뒷굽 들고 따박따박/폼 잡고 걷"는 모습은 겉으로 보이는 화려함과 허세에 치중하는 인간의 어리석음을 생생하

게 그려낸다.

겉으로는 당당하고 멋있어 보이지만, 높은 뒷굽은 불안정하고 위태로운 상태를 상징하며, 결국 인도블록에 걸려 '기우뚱 내동댕이쳐'지는 상황은 겉멋과 허영에 물들어 자신을 돌보지 않고 경솔하게 살아가는 모습을 날카롭게 풍자하고 있다.

이러한 낭패 이후, 시인은 침과 뜸, 그리고 정밀검사라는 외부적인 처방에 의존하지만, "터진 인대 붙는 약 없고/주사도 약도 기다림만 못하다"는 의사의 진단은 결국 외부에 '탓(치료)'를 돌리는 대신, 자기 성찰과 인내의 시간을 통해 진정한 자기 긍정과 내면의 품격을 갖춘 명품의 삶을 살아가라는 메시지와 다름 아니다.

마지막 행의 "때로는 세월이 명약이 될 수도 있다"는 단순히 시간이 흘러 자연스럽게 낫는다는 의미를 넘어서, 겉모습에 치중하는 어리석음에서 벗어나, 자신의 상태를 인정하고 받아들이며(각성), 조급해하지 않고 '스스로를 돌보는 시간(각성에 따른 시간)'을 갖는 것이 진정한 치유의 근본임을 시사한다. 섣부른 외부적인 개입이나 인위적인 노력보다는, 자신의 내면의 소리에 귀 기울이고, 회복을 위한 충분한 시간을 할애하는 자기 성찰과 인내의 시간이야말로 때로는 그 어떤 약보다 효과적인 '명약'이 될 수 있다는 깊은 통찰을 전하는 것이다.

<폼 잡고 걷다가>는 겉치레와 조급함에 갇히기 쉬운 우리에게, 진정한 삶의 품과 실행은 외부적인 과시가 아닌 자신의 내면을 직시하는 성찰과, 그

깨달음을 바탕으로 스스로에게 필요한 시간을 부여하는 인내에서 비롯됨을 깨닫게 한다.

묵은 먼지 털고 닦는 날

쭈글쭈글
빨대 꽂힌 이슬
장식품 항아리에서
꺼내 달라
바시락바시락거리고
배 안이 가득 찬 이슬은
취기에 미동도 없이 자고 있다

둔 이가 있었으면 내동댕이쳤을 텐데
유품인 양 쥐고 운다
<청소 하는 날>전문

<청소하는 날>은 단순한 일상적 행위를 통해 깊은 슬픔과 애틋한 기억을 섬세하게 그려낸 작품이다. 시인은 "묵은 먼지 털고 닦는 날"이라는 평범한 풍경 속에서, 버려야 할 듯한 쭈글쭈글한 "빨대 꽂힌 이슬"을 발견하고 과거의 기억에 잠긴다.
이 '이슬'은 단순히 장식품이 아니라, "배 안이 가득 찬" 상태로 "취기에 미동도 없이 자고 있다"를 통하여 시인의 기억에 잠재 되어, 혹은 각인되어 있는 순간이나 추억을 담고 있음을 암시하여, 그 자체로 어떤 이야기를 품고 있는 물건이었을 가능

성을 내비친다.

이영주 시인은 "둔 이가 있었으면 내동댕이쳤을" 하찮은 물건일지라도, 정작 자신에게는 "유품인 양 쥐고 운다"는 고백에 이르러, 함께 했던 주인이 곁에 있었다면 무심히 대했을 수도 있지만, 이제는 부재하는 그 소중한 사람의 흔적이기에 차마 내동댕이치지 못하는 상실감과 허전함, 그리고 애절하고 애틋한 그리움이 강렬한 슬픔으로 전달된다.

<청소하는 날>은 "바시락바시락거리고"라는 의성어를 통해 단순한 청소라는 사실적인 행위를 넘어, 시인이 애써 잊으려 했거나 망각 속에 봉인하려 했던 기억들이 역설적으로 되살아나는 순간을 섬세하게 포착한 것으로 보인다.

이영주 시인은 '청소'라는 구체적인 행위(환유)를 통해 시인의 마음속 기억을 정리하려는 내면의 작용을 간접적으로 드러내고 있으며, "바시락바시락거리고"라는 의성어(의인화)를 사용하여 잊혀진 기억들이 마치 살아있는 것처럼 능동적으로 되살아나는 상황을 생생하게 표현하고 있다. 그렇기에 시인은 그 기억의 잔상인 "빨대 꽂힌 이슬"을 소중한 유품처럼 조심스럽게 붙든 채, 사무치는 그리움과 깊은 슬픔 속에 잠겨 눈물을 흘리는 것이다.

<청소하는 날>은 일상적인 청소라는 행위를 통해 망각 속에 잠들어 있던 깊은 슬픔의 감정을 현재로 끌어올리고, 하찮아 보이는 물건 하나에 깃든 소중한 기억과, 그것을 잃었을 때의 사무치는 그리움을 간결하고 절제된 언어로 강렬하게 전달하며 독자에

게 깊은 공감을 불러일으킨다.
특히 마지막 행의 "유품인 양 쥐고 운다"는 짧지만 강렬한 문장을 통해, 과거의 소중했던 관계나 시간의 영원한 부재에 대한 깊은 슬픔을 응축적으로 보여준다. 이는 이영주 시인의 섬세한 관찰력과 대상을 통해 깊은 감정을 끌어내는 탁월한 능력을 보여준다 하겠다.

받으면 미안하면서
안주면 서운한 건
모든 이 마음이고

줘도 줘도 주고프고
주고 나면 흐뭇한 게
부모의 마음이다

무소식이 희소식
너희 잘 있으면 난 됐다고
말은 그리하면서도
안부 통화 늦으면
궁금증 안절부절못한다

먼저 하면 덧나나
기다리다 서운해
드라마를 엮다가도
따르릉 벨 소리
끔뻑하며 자지러지고

어깨가 들썩이는 만병통치약이다
<말과 다른 마음>전문

<말과 다른 마음>은 짧고 간결한 언어 속에 담긴 보편적인 인간 심리와 부모의 깊은 사랑을 섬세하게 포착하여, 정감 어린 시선과 솔직하고 진솔한 표현으로 깊은 공감을 불러일으키며, 잔잔한 울림을 선사한다.
<말과 다른 마음>이 특별한 수사법이나 어려운 어휘 없이 일상적인 평범한 언어로 쓰인 것은, '평범한 일상'이라는 배경과 보편적인 '부모의 마음'이라는 시의 중심 특성상, 독자에게 친근하게 다가가 의미를 명확하고 효과적으로 전달하려는 시인의 의도적인 선택일 것이다. 이러한 평이함은 자칫 단순하고 깊이가 얕게 느껴질 수 있으나, 이 시는 쉬운 표현 덕분에 부모가 옆에서 이야기하는 듯한 친근함을 주어 그 마음을 쉽게 엿볼 수 있고 공감을 불러일으킨다. 따라서 이영주 시인은 기교나 수사가 오히려 군더더기가 되어 시의 감상과 느낌을 방해한다고 여겨, 단순하고 평이하게 시를 썼을 것이다.
<말과 다른 마음>은 누구나 한 번쯤 느껴봤을 "받으면 미안하면서/안 주면 서운한" 마음이라는 구체적인 행위('받다', '주다')와 추상석인 감정('미안함', '서운함')을 연결하여 독자 스스로의 경험을 떠올리게 하여 독자의 '공감경험'을 환기하고 공감을 자아낸 후 "줘도 줘도 주고프고/주고 나면 흐

못한"이라고 조건 없는 부모의 사랑을 단적으로 보여주어 먼저, 가슴이 반응하고, 뒤이어 머리로 이해하는 '심상 형성'을 통하여 부모의 사랑이 얼마나 깊고 넓은 지를 더욱 실감나게 하고 있다.

3연과 4연은 시 제목처럼 대조를 통해 겉으로 표현하는 말과 속마음의 간극을 드러내고 있다. "무소식이 희소식"이라는 반어적 표현은 자식의 안녕을 바라는 마음과 동시에 연락을 간절히 기다리는 부모의 애틋한 심정을 역설적으로 보여주어 독자의 가슴을 찡하게 하고 부모님께 대한 죄송함을 불러일으키기에 충분하다.

또한, 먼저 연락하지 못하고 기다리면서도 연락이 오면 그 누구보다 기뻐하는 부모님의 모습은 주변의 평범한 부모님들을 떠올리게 하는 구체적인 상황 묘사를 통해 현실감을 더하며 가슴을 뭉클하게 한다.

이영주 시인의 <말과 다른 마음>은 시 전체를 따뜻하고 정감 어린 분위기로 구축하면서 부모의 깊은 사랑을 시 곳곳에 진솔하게 배치하여 독자의 가슴에 부모의 사랑을 그냥 스며들게 한 수작이다. 짧지만 강렬한 메시지와 따뜻한 감성은 오랫동안 독자의 마음에 잔잔한 울림을 남길 것이다.

며느리와
아내
엄마로서 고뇌에 지친 몸
기쁨과 슬픔을

연이어 치르다 보니
넋 나간 사람으로 살았었는데

모두 떠나고 혼자 남아 거칠 게 없으니
맛보지 못했던 한가로움에
밀려든 우울 안고
세월을 거스른다

가슴에 가득한 사연
뉘에게 털어 놓을까 뒤지고 살펴봐도
눈물 쏟으며 말할 곳 없어

펜촉에 마음 실어
낙서가 넋두리로
넋두리가 시가 되어 펼쳐진다
두려움과 부끄러움에 고개 숙여지지만
묵은 마음 털어내니 우울이 사라진다
<펜촉에 마음 실어>전문

<펜촉에 마음 실어>는 한 여성이 며느리, 아내, 엄마로서 겪어온 고된 삶의 여정과, 홀로 남겨진 후 마주한 공허함과 우울, 그리고 마침내 시를 통해 내면의 평화(inner peace)를 찾아가는 과정을 진솔하게 담아낸 자전적인 서사시이다.
시의 전반부는 여성으로서 짊어져야 했던 다중적인 역할("며느리와 아내 엄마로서") 속에서 겪었던 육체적, 정신적 고통을 압축적으로 보여준다. "기쁨

과 슬픔을/연이어 치르다 보니/넋 나간 사람으로 살았었는데"라는 구절은 격랑의 세월 속에서 정작 자신을 돌볼 겨를 없이 살아온 시인의 고단했던 삶을 단적으로 드러낸다.

그러나 모든 이가 떠난 후 홀로 남겨진 공간은 역설적으로 시인에게 "맛보지 못했던 한가로움"이 깊은 "우울"로 찾아온다. 이는 오랜 세월 가족을 위해 헌신하며 살아온 여성이 홀로 남겨졌을 때 느끼는 상실감과 정체성의 혼란을 보여주는 대목이다.

이러한 내면의 고통과 "가슴에 가득한 사연"을 "뉘에게 털어 놓을까"라며 말할 상대가 없다는 사실을 상기 시켜 현실적인 고독감을 심화시킨다. "눈물 쏟으며 말할 곳 없어"라는 절절한 토로는 외로움과 함께 삶에 대한 비통함을 드러내어, 살아가다 보면 누구나 마주할 수 있는 주변에 아무도 없다는 상실감과 억눌린 감정의 무게를 느끼게 하여 독자에게 깊은 연민과 공감을 불러일으키게 한다.

하지만 시는 절망에 머무르지 않고, "펜촉에 마음 실어" 써 내려간 "낙서"가 "넋두리"가 되고, 마침내 "시"로 승화되는 창작의 과정을 통해 극적인 전환을 맞이한다. 억눌렸던 감정을 글로 표출하는 행위는 시인에게 "묵은 마음 털어내"는 카타르시스를 선사하고, "우울이 사라진다"는 마지막 구절은 시 쓰기를 통해 스스로 허탈함에 따른 비통함으로 찾아온 우울을 극복하고, 비로소 내면의 평화를 얻게 된 시인의 치유 과정을 감동적으로 보여준다.

<펜촉에 마음 실어>는 이영주 시인의 일대기를 그

려낸 시로, '따박따박 걸어'온 삶의 여정 속에서 겪었던 모든 시간의 걸음을 솔직하게 드러내면서도, 시 창작이라는 행위를 통해 스스로를 위로하고 치유하며 새로운 삶의 의미를 찾아가는 과정을 감동적으로 그려내었다.
여성으로서의 삶의 무게를 견뎌온 이영주 시인이 시를 통해 비로소 진정한 자기 자신과 마주하고 내면의 평화를 얻는 모습은 현실의 벽에 부딪혀 좌절과 실망으로 힘들어하는 모든 독자에게 용기와 희망의 메시지를 전달하며 깊은 울림을 선사한다.

이제야 알았네
젊어서 몰랐던
소중한 청춘을

지금은 느끼네
혼자 앉은 밥상머리
서말지* 밥 한 솥
한 끼에 바닥났던
행복한 추억들

겪으며 알았네
이생 저생 넘나들며
산통 겪는 그 시각
엄마의 고통과

---

* 세 말 정도의 양

며느리 때 몰랐던
시어머님 마음을
<진즉에 알았다면>전문

<진즉에 알았다면>은 젊은 날에는 깨닫지 못했던 청춘의 소중함, 함께하는 일상의 행복, 그리고 타인의 고통에 대한 공감 능력을 잃고 나서야, 혹은 경험하고 나서야 비로소 깨닫게 되는 인간의 어리석음과 그에 대한 뒤늦은 후회를 '따박따박' 짚어내고 있다.
1연의 "젊어서 몰랐던 소중한 청춘"이라고, 지나간 젊음의 소중함을 뒤늦게 깨달은 시인의 안타까운 심정을 함축적으로 담아내어 현재 청춘의 귀함을 모르고 낭비하는 청춘들에게 깊은 울림과 깨달음을 준다.
이러한 종결을 앞세운 기승전결 파괴는 함축적인 의미를 먼저 제시하여 뒤이어 나올 연들에 대한 여운과 궁금증을 자아내는 시적 장치로서, 시인의 의도적인 구성이 시의 맛을 더욱 깊고 풍부하게 만들고 있다.
2연의 "서말지 밥 한 솥/한 끼에 바닥났던/행복한 추억들"은 함께 라는 소중함에 대한 후회를, 3연의 "이생 저생 넘나들며/산통 겪는 그 시각/엄마의 고통과/며느리 때 몰랐던/시어머님 마음을"이라는 구절은 과거에는 무심히 지나쳤던 타인의 어려움을 자신의 경험을 통해 비로소 공감하게 되는 뒤늦은 인간적인 성숙을 보여준다. 이는 젊은 날의 이해 부족에 대한 후회를 짙게 드러내어 다시 1연으로 시선을 이끌어 "젊어서 몰랐던/소중한 청춘"이라는 탄식이 삶의 진정한 가치와 타인의 고통에 대한 공감 부족에서 비롯되었음을 명징하게 밝히며 시 전체의 주제를 강화한다.
<진즉에 알았다면>은 과거를 되돌릴 수 없는 안타까움 속에서 현재를 더욱 소중히 여기고 타인을 이해하려는 마음을 갖게 하는 힘을 지닌 시다.
이영주 시인은 젊은 시절에는 깨닫지 못했던 소중한 가치들을 뒤늦게야 깨닫는 후회를 통하여 시인이 현재의 청춘들에게 지금 이 순간을 소중히 여기며 신중하게 살아가라는 간절한 당부와 다름 아니다.

해가 뜨고 지는 것은
세월을 재촉하고

달과 별이
뜨고 짐은
나를 늙게 하는구나

부귀와 영화는 아침 이슬 같고
권력의 화려함은 새벽안개 같아라

백 살이 가까우니
먹는 건 어디로 가고
지릅* 같이 마른 몸이 왜 이다지 무거운지

미움도 그리움도 욕심 함께 내려놓고
비우고 또 비워 가볍게 떠나리라

---

* 껍질을 벗긴 삼 줄기

<백 살을 앞두고>전문

이영주 시인의 <백 살을 앞두고>는 앞선 시 <진즉에 알았다면>과 깊은 연관성을 지니며, 시집<<따박따박 걸었다>> 전체를 관통하는 핵심적인 의미를 담고 있다. <진즉에 알았다면>에서 젊은 날의 소중함을 깨닫지 못했던 후회와, 함께하는 일상의 가치, 타인의 고통에 대한 뒤늦은 공감을 노래했다면, <백 살을 앞두고>는 그러한 삶의 여정을 마무리하는 노년의 시점에서 시간의 무상함과 인생의 덧없음을 통찰하며 초탈의 경지에 이르려는 화자의 모습을 보여준다.

<진즉에 알았다면>에서 과거에 대한 뒤늦은 깨달음과 후회를 노래했다면, <백 살을 앞두고>에서는 흘러간 세월에 대한 인식과 수용을 보여준다. 해와 달의 규칙적인 운행이 세월을 재촉하고 자신을 늙게 한다는 인식은, 젊은 날의 소중함을 몰랐던 과거에 대한 아쉬움과는 다른 차원의 체념과 순응을 드러내고 있다.

또한, <진즉에 알았다면>에서 함께 했던 풍요로운 식사 시간을 추억하며 현재의 외로움을 느끼고, 어머니와 시어머니의 고통을 뒤늦게나마 이해하는 과정을 통해 타인과의 관계에 대한 성찰을 보여주었다면, <백 살을 앞두고>에서는 부귀영화와 권력의 덧없음을 깨닫고 미움, 그리움, 욕심마저 내려놓으며 개인적인 초월을 지향하는 모습을 보인다. 과거의 관계 속에서 얻었던 깨달음을 바탕으로, 이제는 모든 집착에서 벗어나 홀가분하게 삶을 마무리하려는 의지가 엿보인다.

특히 "먹는 건 어디로 가고/지릅 같이 마른 몸이 왜 이다지 무거운지"라는 구절은 <진즉에 알았다면>에서 젊음의 소중함을 몰랐던 것에 대한 후회와 대비되며, 이제는 쇠약해진 육신을 통해 시간의 흐름을 실감하는 노년의 현실적인 고통을 생생하게 전달하고 있다.

결국 <백 살을 앞두고>는 <진즉에 알았다면>에서 보여준 삶의 후회와 깨달음을 넘어, 인생의 마지막 단계에서 모든 것을 내려놓고 초연하게 죽음을 맞이하려는 성숙한 자세를 보여주는 작품이다. 젊은 날의 어리석음과 뒤늦은 깨달음, 그리고 삶의 덧없음을 깨달은 노년의 초탈은, 우리에게 인생의 의미와 시간의 가치에 대해 깊이 생각하게 만드는 여운을 남긴다. 두 시를 함께 읽음으로써 우리는 이영주 시인이 평생에 걸쳐 경험하고 성찰한 삶의 희로애락과 그 초극의 과정을 더욱 깊이 이해할 수 있겠다.

이영주 시인의 시집<<따박따박 걸었다>>은 삶의 과정을 파노라마처럼 보여주면서, 그 속에서 길어 올린 진솔한 감정과 깊은 통찰을 '따박따박' 새겨 넣어 독자에게 잔잔하면서도 묵직한 울림을 선사하는 아름다운 기록이다. 우리의 삶은 행복하기만도 불행하기만도 않기에, 어느 한 감정에 매몰되어 삶을 헛되이 흘려보내서는 안 된다. 이영주 시인이 '따박따박' 걸었듯, '한 뜸 한 뜸' 시간을 정성스럽게 엮었듯, 우리 또한 삶의 희로애락 속에서 자신의 시간을 충실히 채워나가라는 따뜻한 전언을 담고 있다.

세상의 험난한 파고를 넘기 힘들어 좌절하거나, 행복이 느껴지지 않고 희망이 보이지 않을 때 시집<따박따박 걸

었다>를 마주하면 이영주 시인의 진솔한 삶의 기록이 묵묵히 다독여주며 다시 한 걸음 내딛을 용기를 북돋아 줄 것이라 독자에게 일독을 적극 추천하는 바이다.